LE SPECTATEUR FRANÇOIS,

PAR Mr DE MARIVAUX.

OU

RECUEIL

DE TOUT CE QUI A PARU imprimé sous ce Titre.

NOUVELLE EDITION,

Revûë, corrigée & augmentée de plusieurs Pieces détachées du même Auteur,

TOME PREMIER.

A PARIS,
Chez PIERRE PRAULT, Quay de Gesvres, au Paradis.

M. DCC XXVIII.

Avec Approbation & Privilege du Roy.

AVIS
DE L'IMPRIMEUR
AU LECTEUR.

J'AY lieu de croire que voici l'Edition la plus correcte du SPECTATEUR FRANÇOIS. Je l'ai imprimée avec tout le ſoin qu'il m'a été poſſible, & je n'y ai travaillé que ſous les yeux de l'Auteur. Elle contient les vingt-cinq Feüilles qui le compoſent tout entier. On a joint à cela nombre d'Extraits des Mercures, sous le Titre de Pieces Détachées, qui sont à peu-près dans le goût du Spectateur, & qui, suivant ce que plusieurs Personnes m'ont assuré, firent beaucoup de plaisir dans le temps qu'elles parurent. J'ai vû même depuis rechercher les Mercures où elles étoient, ainsi j'espere qu'on ne sera pas fâché de les voir rassemblées dans un seul volume. On trouvera encore dans cette Edition, toutes les Feüilles qui ont paru sous le Titre de l'INDIGENT PHILOSOPHE, & qui sont aussi de l'Auteur.

du Spectateur : il est vrai qu'il ne les avoüa pas quand elles parurent, tant parce qu'il ne vouloit leur donner aucune suite, que parce qu'elles n'étoient qu'un essai de ce qu'on pouvoit faire en écrivant au hasard, tout ce qui viendroit à l'imagination. J'ai joint à tout ce que je dis là, une Comedie intitulée, l'ISLE DE LA RAISON, *ou* LES PETITS HOMMES, qui est encore du même Auteur : ce qu'il en dit lui-même dans une petite Preface qu'il met à la tête de cette Comedie, me dispense d'en parler. Indépendamment du ſort qu'elle eut ſur le Theatre, on m'a aſſuré qu'elle méritoit d'avoir place dans ce Recüeil, & que la lecture en feroit plaiſir aux Gens qui penſent.

NOTA. *Que les premiers Chiffres après les mots de la Table des Matieres, sont toujours du Spectateur François, ou des Pieces détachées.*

TABLE

DES FEUILLES du Spectateur François,

Et des Titres des differentes Pieces détachées, du même Auteur, contenuës en cet Ouvrage.

TOME PREMIER.

TOME SECOND.

TABLE DES TITRES.

Fin de la Table des Titres.

TABLE

DES

PRINCIPALES MATIERES contenuës au present Livre.

A

B

TABLE

Table

T

V

Fin de la Table des Matieres.

APPROBATION.

J'AY lû par l'ordre de Monseigneur le Garde des Sceaux, *le Spectateur François, plusieurs Pieces écrites dans le goût du Spectateur François, l'Indigent Philosophe, & une Comedie qui a pour titre l'Isle de la raison ou les Petits Hommes.* Ces ouvrages ont déja été imprimés separément, & j'ai crû que le Public en verroit avec plaisir un Recüeil complet. Fait à Paris ce 3. Janvier 1728.

DANCHET.

PRIVILEGE DU ROY.

LOUIS, par la grace de Dieu, Roy de France & de Navarre : A nos amés & féaux Conseillers, les Gens tenans nos Cours de Parlement, Maistres des Requestes ordinaires de notre Hostel, Grand Conseil, Prevost de Paris, Baillifs, Sénéchaux, leurs Lieutenans Civils, & autres nos Justiciers qu'il appartiendra, SALUT. Notre bien amé PIERRE PRAULT, Libraire & Imprimeur à Paris, Nous ayant fait remontrer qu'il lui auroit été mis en main un Livre qui a pour titre LE SPECTATEUR FRANÇOIS par le Sieur de Marivaux, qu'il souhaiteroit imprimer ou faire imprimer & donner au Public, s'il Nous plaisoit lui accorder nos Lettres de Privilege sur ce necessaires, offrant pour cet effet de l'imprimer ou faire imprimer en bon Papier & beaux Caracteres, suivant la Feüille imprimée & attachée pour modele sous le Contre-scel des Presentes. A CES CAUSES, voulant traiter favorablement ledit Exposant, Nous lui avons permis & permettons par ces Presentes, d'imprimer ou faire imprimer ledit Livre ci-dessus specifié en un ou plusieurs volumes, conjointement ou separément, & autant de fois que bon lui semblera, sur papier & caracteres conformes à ladite Feuille imprimée & attachée pour modele sous notredit Contre-scel, & de le vendre, faire vendre & débiter par-tout notre Royaume, pendant le tems de *huit* années consecutives, à compter du jour de la datte desdites Presentes. Faisons défenses à toutes sortes de personnes de quelque qualité & conditions qu'elles soient, d'en introduire d'impression étrangere dans aucun lieu de notre obéïssance; comme aussi à tous Libraires, Imprimeurs & autres, d'imprimer, faire imprimer, vendre, faire vendre, debiter ni contrefaire ledit Livre en tout ni en partie, ni d'en faire aucuns Extraits, sous quelque prétexte que ce soit, d'augmentation, correction, changement de Titre ou autrement, sans la permission expresse & par écrit dudit Exposant, ou de ceux qui auront droit de lui; à peine de confiscation des Exemplaires contrefaits, de quinze cens livres d'amende contre chacun des contrevenans, dont un tiers à Nous, un tiers à l'Hostel-Dieu de Paris, & l'autre tiers audit Exposant, & de tous dépens, dommages & interests: à la charge que ces Presentes seront enregistrées tout au long sur le Registre de la Communauté des Libraires & Imprimeurs de Paris, dans trois mois de la datte d'icelles; Que l'impression de ce Livre sera faite dans notre Royaume & non ailleurs, & que l'Impetrant se conformera en tout aux Reglemens de la Librairie, & notament à celui du dixiéme Avril 1725. & qu'avant que de l'exposer en vente, le Manuscrit ou Imprimé qui aura servi de copie à l'impression dudit Livre, sera mis dans le même état où l'Approbation y aura été donnée, ès mains de notre très cher & féal Chevalier Garde des Sceaux de France, le Sieur CHAUVELIN; Et qu'il en sera ensuite remis deux Exemplaires dans notre Bibliotheque Publique, un dans celle de notre Château du Louvre, & un dans celle de notredit très-cher & féal Chevalier Garde des Sceaux de France, le Sieur CHAUVELIN, le tout à peine de nullité des Presentes; Du contenu desquelles vous mandons & enjoignons de faire joüir l'Exposant ou ses ayans cause pleinement & paisiblement, sans souffrir qu'il leur soit fait aucun trouble ou empêchement. Voulons que la copie desdites Presentes, qui sera imprimée tout au long au commencement ou à la fin dudit Livre soit tenuë pour dûëment signifiée, & qu'aux Copies collationnées par l'un de nos amés & féaux Conseillers-Secretaires, foi soit ajoûtée comme à l'Original. Commandons au premier notre Huissier ou Sergent, de faire pour l'execution d'icelles, tous Actes requis & necessaires, sans demander autre permission, nonobstant clameur de Haro, Charte Normande, & Lettres à ce contraires: CAR tel est notre plaisir. DONNÉ à Paris le vingt-sixiéme jour du mois de Decembre, l'an de grace mil sept cens vingt-sept, & de notre Regne le treiziéme. Par le Roy en son Conseil. *Signé*, RIBALLIER.

Registré sur le Registre VII. de la Chambre Royale des Libraires & Imprimeurs de Paris, N° 49. F° 45. conformément aux anciens Reglemens, confirmés par celui du 28. Fevrier 1723. A Paris le neuf Janvier mil sept cens vingt-huit.

Signé, BRUNET, Syndic.

LE SPECTATEUR

LE SPECTATEUR FRANÇOIS.

PREMIERE FEUILLE.

LECTEUR, je ne veux point vous tromper, & je vous avertis d'avance que ce n'est point un Auteur que vous allez lire ici. Un Auteur est un homme, à qui dans son loisir, il prend une envie vague de penser sur une ou plusieurs matieres; & l'on pourroit appeller cela, reflechir à propos de rien. Ce genre de travail nous a souvent produit d'excellentes choses, j'en conviens; mais pour l'ordinaire, on y sent plus de souplesse d'esprit, que de naïveté & de verité: du moins est-il vrai de dire qu'il y a toûjours, je ne ſçai quel goût artificiel dans la liaiſon des penſées, auſquelles on s'excite? Car enfin, le choix de ces penſées eſt alors purement arbitraire, & c'eſt là reflechir en Auteur: ne ſeroit-il pas plus curieux de nous voir penſer en hommes? en un mot, l'eſprit humain, quand le hazard des objets, où l'occaſion l'inſpire, ne produiroit-il pas des idées plus ſenſibles & moins étrangeres à nous, qu'il n'en produit dans cet exercice forcé qu'il ſe donne en compoſant?

Pour moi, ce fut toûjours mon ſentiment, ainſi je ne ſuis point Auteur, & j'aurois été, je penſe, fort embarraſſé de le devenir. Quoi! donner la torture à ſon eſprit pour en tirer des reflexions qu'on n'auroit point, ſi l'on ne s'aviſoit d'y tâcher: cela me paſſe, je ne ſçai point créer, je ſçai ſeulement ſurprendre en moi les penſées que le hazard me fait, & je ſerois fâché d'y mettre rien du mien. Je n'examine pas ſi celle ci eſt fine, ſi celle-ci l'eſt moins; car mon deſſein n'eſt de penſer ni bien ni mal, mais ſimplement de recüeillir fidelement ce qui me vient d'après le tour d'imagination que me donnent les choſes que je vois ou que j'entends, & c'eſt de ce tour d'imagination, ou pour mieux dire de ce qu'il produit, que je voudrois que les hommes nous rendiſſent compte, quand les objets les frappent.

Peut-être, dira-t'on : ce qu'ils imagineroient alors, nous ennuyeroit-il? & moi, je n'en crois rien : ſeroit-ce qu'il y auroit moins d'eſprit, moins de délicateſſe, ou moins de force dans les idées de ce genre? point du tout : il y regneroit ſeulement une autre ſorte d'eſprit, de délicateſſe, & de force, & cette autre ſorte-là, vaudroit bien celle qui naît du travail & de l'attention.

Tout ce que je dis là, n'eſt auſſi qu'une reflexion que le hazard m'a fournie : voici comment.

Je viens de voir un homme qui attendoit un grand Seigneur dans ſa Salle : je l'examinois, parce que je lui trouvois un air de probité, mêlé d'une triſteſſe timide : ſa phyſionomie & les chagrins que je lui ſuppoſois, m'interreſſoient en ſa faveur. Helas ! diſois-je en moi-même, l'honnête homme eſt preſque toûjours triſte, preſque toûjours ſans biens, preſque toûjours humilié : il n'a point d'amis, parce que ſon amitié n'eſt bonne à rien : on dit de lui, c'eſt un honnête homme, mais ceux qui le diſent, le fuyent, le dédaignent, le mépriſent, rougiſſent même de ſe trouver avec lui : & pourquoi ? c'eſt qu'il n'eſt qu'eſtimable.

En faiſant cette reflexion, je voyois dans la même Salle, des hommes d'une phyſionomie libre & hardie, d'une démarche ferme, d'un regard bruſque & aiſé : je leur devinois un cœur dur, à travers l'air tranquille, & ſatisfait de leur viſage : il n'y avoit pas juſqu'à leur embonpoint qui ne me choquât. Celui-ci, diſois-je, eſt vêtu ſimplement ; mais dans un goût de ſimplicité, garand de ſon opulence : & l'on voit bien à ſon habit, que ſon équipage, & ſes valets, l'attendent à la porte.

L'or & l'argent brillent ſur les habits de cet autre. Ne rougit-il pas d'étaler ſur lui plus de biens que je n'ai de revenu ? Non, diſois-je, il n'en rougit point.

Je fais le Philoſophe ici : mais ſi j'avois affaire à lui, je verrois s'il a tort de s'habiller ainſi : & ſi ſes habits ſuperbes ne reprendroient pas ſur mon imagination les droits que ma morale leur diſpute.

C'étoit donc dans de pareilles penſées que je m'amuſois avec moi-même, quand le grand Seigneur vint dans la Salle. L'homme, pour qui je m'interreſſois, ne ſe préſenta à lui que le dernier. Sa diſcretion n'étoit pas ſans myſtere ; c'eſt que ſon viſage indigent n'étoit pas de miſe avec celui de tant de gens heureux.

Enfin, il s'avança, mais le grand Seigneur ſortoit déja de la Salle, quand il l'aborda : Il le ſuivit donc du mieux qu'il put, car l'autre marchoit à grands pas ; je voyois mon homme eſſoufflé tâcher de vaincre, à force de poitrine, la difficulté de s'exprimer en marchant trop vîte: mais il avoit beau faire, il articuloit fort mal. Quand on demande des graces aux Puissans de ce monde, & qu'on a le cœur bien placé, on a toûjours l'haleine courte.

J'entendis le grand Seigneur lui répondre, mais sans le regarder, & prêt de monter en carrosse: la moitié de sa réponse se perdit dans le mouvement qu'il fit pour y monter. Un Laquais de six pieds vint fermer la portiere: & le carrosse avoit déja fait plus de vingt pas, que mon homme avoit encore le col tendu pour entendre ce que le Seigneur lui avoit dit.

Supposons à présent que cet homme ait de l'esprit: Croyez-vous en verité que ce qu'il sent en se retirant, ne valût pas bien ce que l'Auteur le plus subtil pourroit imaginer dans son cabinet en pareil cas? Allez l'interroger, demandez-lui ce qu'il pense de ce grand Seigneur? il vient d'en essuyer cette distraction hautaine que donne à la plûpart de ses Pareils le sentiment gigantesque qu'ils ont d'eux-mêmes. Ce Seigneur, par un ton de voix indiscret, & sans misericorde, vient d'instruire toute la Salle, que cet honnête homme est sans fortune. Quel est encore une fois l'Auteur dont les idées ne soient de pures rêveries, en comparaison des sentimens qui vont saisir notre infortuné?

Grands de ce monde! si les portraits qu'on a fait de vous dans tant de livres, étoient aussi parlans, que l'est le Tableau sous lequel il vous envisage, vous frémiriez des injures dont votre orguëil contriste, étonne, & désespere la genereuse fierté de l'honnête homme qui a besoin de vous. Ces prestiges de vanité qui vous font oublier qui vous êtes, ces prestiges se dissiperoient, & la nature soûlevée, en dépit de toutes vos chiméres, vous feroit sentir qu'un homme, quel qu'il soit, est votre semblable: Vous vous amusez dans un Auteur, des traits ingenieux qu'il employe pour vous peindre. Le langage de l'homme en question vous corrigeroit, son cœur, dans ses gemissemens, trouveroit la clef du vôtre; il y auroit dans ses sentimens une convenance infaillible avec les sentimens d'humanité, dont vous êtes encore capables, & qu'interrompent vos illusions.

Je conclus donc du plus ou moins, en suivant mon principe : Ouy ! je préférois toutes les idées fortuites que le hazard nous donne, à celles que la recherche la plus ingenieuse pourroit nous fournir dans le travail.

Enfin, c'est ainsi que je pense, & j'ai toûjours agi consequemment; je suis né, de maniere que tout me devient une matiere de reflexion; c'est comme une philosophie de temperamment que j'ai reçûë, & que le moindre objet met en exercice.

Je ne destine aucun caractere à mes idées; c'est le hazard qui leur donne le ton : de là vient qu'une bagatelle me jette quelquefois dans le sérieux, pendant que l'objet le plus grave me fait rire : & quand j'examine après, le parti que mon imagination a pris, je vois souvent qu'elle ne s'est point trompée.

Quoiqu'il en soit, je souhaitte que mes reflexions puissent être utiles. Peut-être le seront-elles ; & ce n'est que dans cette vûë que je les donne, & non pour éprouver si l'on me trouvera de l'esprit. Si j'en ai, je crois en verité que personne ne le sçait, car je n'ai jamais pris la peine de soûtenir une conversation, ni de défendre mes opinions, & cela par une paresse insurmontable. D'ailleurs, mon âge avancé, mes voyages, la longue habitude de ne vivre que pour voir & que pour entendre, & l'experience que j'ai acquise, ont émoussé mon amour propre sur mille petits plaisirs de vanité, qui peuvent amuser les autres hommes : de sorte que si mes amis venoient me dire que je passe pour un bel esprit, je ne sens pas en verité que j'en fusse plus content de moi-même ; mais si je voyois que quelqu'un eût fait quelque profit en lisant mes reflexions, se fût corrigé d'un défaut, oh ! cela me toucheroit, & ce plaisir là, seroit encore de ma compétence.

Au reste, on ne doit s'attendre dans mes reflexions qu'à des discours generaux. Il ne m'est jamais venu dans l'esprit ni rien de malin, ni rien de trop libre. Je haïs tout ce qui s'écarte des bonnes mœurs. Je suis né le plus humain de tous les hommes, & ce caractere a toûjours présidé sur toutes mes idées.

A l'âge de dix-sept ans, je m'attachai à une jeune Demoiselle, à qui je dois le genre de vie que j'embrassai. Je n'étois pas mal fait alors, j'avois l'humeur douce & les manieres tendres. La sagesse que je remarquois dans cette fille, m'avoit rendu sensible à sa beauté. Je lui trouvois d'ailleurs tant d'indifference pour ses charmes, que j'aurois juré qu'elle les ignoroit : Que j'étois simple dans ce temps-là ! Quel plaisir, disois-je en moi-même ! si je puis me faire aimer d'une fille qui ne ſouhaite pas d'avoir des Amans, puiſqu'elle eſt belle, ſans y prendre garde, & que par conſequent elle n'eſt pas coquette. Jamais je ne me ſéparois d'elle, que ma tendre ſurpriſe n'augmentât, de voir tant de graces dans un objet qui ne s'en eſtimoit pas davantage. Etoit-elle aſſiſe ou debout? parloit-elle ou marchoit-elle? il me ſembloit toûjours qu'elle n'y entendoit point fineſſe, & qu'elle ne ſongeoit à rien moins qu'à être ce qu'elle étoit.

Un jour qu'à la Campagne, je venois de la quitter, un gant que j'avois oublié, fit que je retournai ſur mes pas pour l'aller chercher: j'apperçus la belle de loin, qui ſe regardoit dans un miroir, & je remarquai, à mon grand étonnement, qu'elle s'y repréſentoit à elle-même dans tous les ſens où durant notre entretien, j'avois vû ſon viſage; & il ſe trouvoit que ſes airs de phyſionomie que j'avois crû ſi naïfs, n'étoient, à les bien nommer, que des tours de Gibeciere: je jugeois de loin que ſa vanité en adoptoit quelques-uns, qu'elle en réformoit d'autres : c'étoit de petites façons, qu'on auroit pû noter, & qu'une femme auroit pû apprendre comme un air de Musique. Je tremblai du péril que j'aurois couru, si j'avois eu le malheur d'essuyer encore de bonne foi ses friponneries, au point de perfection où son habileté les portoit, mais je l'avois crûë naturelle, & ne l'avois aimée que sur ce pied-là ; de sorte que mon amour cessa tout d'un coup, comme si mon cœur ne s'étoit attendri que sous condition. Elle m'apperçut à son tour dans son miroir, & rougit : Pour moi j'entrai en riant, & ramassant mon gant. Ah ! Mademoiselle, je vous demande pardon, lui dis-je, d'avoir mis jusqu'ici sur le compte de la Nature des appas dont tout l'honneur n'est dû qu'à votre industrie. Qu'est-ce que c'est, que signifie ce discours, me répondit-elle ? vous parlerai-je plus franchement, lui dis-je ? je viens de voir les machines de l'Opera. Il me divertira toûjours, mais il me touchera moins. Je sortis là-dessus, & c'est de cette avanture que naquit en moi cette misantropie qui ne m'a point quittée, & qui m'a fait passer ma vie à examiner les hommes, & à m'amuser de mes reflexions.

DEUXIE'ME FEUILLE.

LES austérités des fameux Anachoretes de la Thebaïde, les supplices ingenieux qu'ils inventoient contre eux-mêmes, pour tourmenter la Nature : Cette mort toûjours nouvelle, toûjours douloureuse qu'ils donnoient à leurs sens; tout cela joint à l'horreur de leurs déserts, ne composoit peut-être pas la valeur des peines que peut éprouver une femme du monde, jeune, aimable, aimée, & qui veut être vertueuse.

Ce que je dis-là, paroîtra sans doute ridicule à bien des gens : Un Anachorette! s'écrira-t'on? un homme attenué, mourant, épuisé de jeûnes & de veilles! un homme!

mais ce n'eſt plus un homme; ce n'en ſont plus que les ruines: Jugez de ſes ſouffrances par leurs effets; jugez de ſes Combats par la déſolation du Champ de bataille; que deviendra votre parallele?

Vous nous parlez d'une jeune femme aimable; & ce ſont des yeux brillans, c'eſt une ſanté, ce ſont des appas, nés du ſein de la molleſſe & de l'oiſiveté; c'eſt l'Ouvrage de la plus profane complaiſance pour ſoi-même, que vous comparez à l'Ouvrage de la rupture la plus ſévere avec ſes ſens. Depuis quand le duvet eſt-il plus fatiguant que la dure? depuis quand celui qui dort à ſon aiſe, eſt-il plus malade, que celui qui veille preſque toûjours? quoi! ſe nourrir délicieuſement, agacer ſon appetit par une abſtinence induſtrieuſe, ſera plus pénible que mourir de faim!

Voilà ce qu'on peut me dire; voilà la déclamation qu'on peut faire contre mon ſentiment: Peut-être m'auroit-il paru ridicule à moi-même, il n'y a qu'une heure; mais, liſez la lettre que je vais rapporter; c'eſt cette lettre qui a débauché mon jugement: Un de mes amis, dont je ſuis le confident, vient de me la donner; il l'a reçûë d'une jeune Dame dont il eſt éperduëment amoureux; liſez-là; elle argumentera mieux que moi contre vous.

„ Vous m'aimez, Monſieur; & „ quand vous ne me l'auriez pas dit „ tant de fois, je n'en ſerois pas „ moins perſuadée: Oui, vous m'ai- „ mez; je le ſçavois même avant „ que vous me l'euſſiez avoüé. Je „ vous examinois quelquefois, ſans „ le vouloir; & je vous trouvois, „ comme il me ſembloit qu'on de- „ voit être, quand on aimoit. Helas! „ je ne ſçavois pas encore que je „ ſouhaittois alors, de vous trouver „ comme vous étiez. Juſte-Ciel! „ moi, qui n'avois jamais eu d'a- „ mour; comment penetrois-je ce- „ lui que vous me cachiez! com- „ ment étois-je ſûre que je ne me „ trompois pas? & d'où vient que „ je ne m'appercevois pas que je „ vous aimois moi-même? le voilà,

„ cet aveu que vous demandiez „ tant; voilà ce mot si important à „ votre bonheur, & que je n'osai „ prononcer dans notre dernier en- „ tretien. Helas! vous n'en aviez „ pas besoin non plus, & j'étois „ folle de n'oser vous dire ce que „ vous voyiez si clairement. Pour „ un aveu que vous refusoit ma „ bouche, combien ma complai- „ sance pour vos discours, vous en „ prodiguoit-elle? souvenez-vous „ de vos carresses: Il est vrai qu'elles „ étoient innocentes; mais je m'en „ défendois mal. Eh! n'étoit-ce „ pas vous les rendre? n'importe, „ soyez content, je vous aime; Et „ tout inutile qu'il est de vous le „ dire, je m'en étois fait une honte, „ & je vous la sacrifie: Je me flat- „ tois de n'avoir pas encore violé „ mon devoir, tant que cet aveu „ restoit à faire. Malheureuse illu- „ sion? qu'étoit devenuë ma raison? „ j'aimois & je ne m'en embarrassois „ pas: Je regardois cela, comme „ rien; je me croyois toûjours ver- „ tueuse, seulement pour n'avoir

pas

„ pas dit que je ne l'étois plus. Je
„ dois ma tendresse à mon mary ;
„ cependant, au moment où je parle,
„ elle est toute à vous. Juste
„ Ciel ! pourquoi faut-il que ce soit
„ un crime ? que dis-je, cruel que
„ vous êtes ! voyez le désordre que
„ vous avez porté dans mon cœur ;
„ voyez ce que je deviendrois, si
„ je continuois à vous voir. Je ne
„ vous cele rien ; car enfin, dans
„ l'état où je suis, j'ai besoin de
„ vous parler sans retenuë ; ma foiblesse
„ a besoin de se répandre ;
„ c'est un crime encore, mais il m'est
„ necessaire ; je serois trop exposée,
„ si je voulois combattre tous les
„ mouvemens qui me viennent. Je
„ vous découvre mon état : Cette
„ satisfaction coupable que je me
„ donne, rendra peut-être ma passion
„ moins pesante. Ma passion !
„ Justes-Dieux ! n'êtes-vous pas étonné
„ vous-même de ce que vous
„ lisez : Vous qui n'osiez me déclarer
„ votre amour, qui m'en avez
„ fait l'aveu avec tant de crainte,
„ qui m'en entreteniez avec tant

„ de respect, qui ne me demandiez „ le mien qu'en tremblant, me re- „ connoissez-vous? je n'avois rien à „ me reprocher: j'avois lieu d'être „ contente de moi: Vous m'esti- „ miez, je m'estimois moi-même: „ Je vivois en repos & dans l'in- „ nocence. Où sont tous ces biens- „ là? vous m'aimez, & vous me les „ avez ôtés; & vous voulez que je „ vous aime; & vous dites que vous „ seriez heureux, si je vous aimois! „ quel étrange bonheur vous pro- „ posez-vous? mes égaremens, & „ la perte de ma vertu, vous ren- „ dront donc heureux! & vous ap- „ pellez cela m'aimer! voilà les sen- „ timens que vous voulez que je „ recompense: ah! juste-Ciel! qu'- „ est-ce que c'est qu'un Amant? „ la haine du plus mortel ennemi „ me feroit-elle autant de mal que „ vous m'en souhaitez? eh bien! je „ suis dans le trouble, dans la dou- „ leur, dans les larmes: Mon mari „ m'est presqu'odieux: Ce qui me „ reste de vertu, presqu'insuppor- „ table: je suis digne de compassion;

„ je vous en ferai ſans doute à vous-„ même ; en eſt-ce aſſez ? êtes-vous „ heureux ? non , vous vous plain-„ drez encore ; Mon malheur n'eſt „ pas au point où vous le voudriez ; „ vous aſpirez à me rendre encore „ plus mépriſable, & vous avez rai-„ ſon. Je ſuis bien digne de l'outrage „ que me font vos deſſeins ; mais, „ que fais-je ? d'où vient vous ren-„ dre compte de ce que je ſens ? d'où „ vient que j'entre avec tant d'abon-„ dance dans un détail ſi honteux ? „ d'où vient qu'il m'entraîne ? il eſt „ pourtant vrai que je me repens „ ſincerement d'avoir bleſſé mon „ devoir. Helas ! eſt-il bien vrai „ que je m'en repente ? eh ! comment „ m'en aſſûrer ? puis-je rien démêler „ dans mon cœur ? je veux me cher-„ cher, & je me perds. Comment, „ avec tant d'amour, puis-je ſça-„ voir, ſi je me repens d'aimer ? je „ renonce à vous, & je vous regret-„ te : Je veux vous ôter toute eſpe-„ rance, & j'ai peur que vous croyiez „ que je ne vous aime point ; enfin, „ de quelque côté que je me tour-

„ ne, tout est péril pour moi; & la „ confusion où je suis de ma foi- „ blesse, & les efforts que je fais „ pour la combattre, & la résolu- „ tion de ne vous plus voir, tout est „ empoisonné, tout devient amour, „ dès que j'y songe. Oh! Ciel! que „ je suis égarée! qu'une femme à „ ma place, est à plaindre d'avoir „ pris de l'amour? quelle punition „ pour elle que le plaisir qu'il lui „ fait! grace au Ciel! j'y renonce à „ ce plaisir; je le déteste; je vais re- „ devenir vertueuse; je retrouverai „ le plaisir que j'avois à l'être: Oui! „ Monsieur, mon parti est pris; je „ ne vous verrai plus: Il ne falloit „ que deux mots pour vous l'écrire, „ & je n'avois pas dessein de vous „ en marquer davantage; mais je „ l'ai tenté inutilement dans quatre „ lettres que j'ai toutes rebutées: „ Voici la moins honteuse pour „ moi, que je vous envoye; c'est „ presque vous les envoyer toutes, „ que vous avoüer que je les ai écri- „ tes; mais après ce qui m'est échap- „ pé dans celle que vous lisez, je

» ne puis guéres me fa irede nou-
» veaux affronts. D'ailleurs, puiſque
» je ne vous verrai plus, & que je
» rentre dans mon devoir, les pei-
» nes que je vais ſouffrir, ſatisferont
» bien à mes fautes. Mais, ne fini-
» rai-je jamais ? ce que je dis, ne
» reſſemble point à ce que je veux
» dire : Je penſe que je ne veux plus
» aimer, & toûjours je repete que
» j'aime. N'importe, n'eſperez rien
» d'un ſentiment involontaire ; ce
» n'eſt plus moi qui aime ; je ne ſuis
» plus coupable ; peut-être je ne l'ai
» jamais été ; c'eſt vous qui l'étiez,
» c'eſt la foibleſſe que vous m'aviez
» donnée, c'eſt mon cœur qui ne
» dépendoit plus de moi : Aujour-
» d'hui tout cela m'eſt étranger ; au-
» jourd'hui, je romps avec ce cœur
» lâche, avec cette foibleſſe, avec
» mon ſéducteur, enfin, avec vous.
» Vous n'en ſerez pas perſuadé, &
» vous allez prendre ce que je dis,
» pour de l'emportement & du trou-
» ble : vous vous trompez ; ma ré-
» ſolution ne vient pas d'être for-
» mée : Vous ſçavez que ma mere

» demeure ici; vous connoiſſez ſon
» caractere : hier au matin, je lui
» confiai ma ſituation; elle en fré-
» mit, autant qu'il m'étoit neceſ-
» ſaire : Ainſi, voilà ſa vertu dans
» les interêts de mon devoir. Le
» ſoir, mon mari & moi, nous par-
» lâmes de vous : Il fit votre éloge,
» & ce fut un coup de poignard pour
» moi : lui, qui vous eſtime tant,
» mérite-t-il de ſe tromper ſi cruel-
» lement ſur votre compte? jettons
» tous deux les yeux ſur nous. Que
» de devoirs violés de part & d'au-
» tre! perfides que nous ſommes!
» nous nous ſerions aimez; ſans dou-
» te nous ſerions-nous jurez de nous
» aimer toûjours? ah! Monſieur, à
» qui devois-je plus de fidelité qu'à
» mon mari? à qui vous, en deviez-
» vous plus qu'à l'honneur? vous
» auriez trahi votre ami, j'aurois
» trahi mon époux; ne voyez-vous
» pas qu'enfin, nous nous ſerions
» trahis tous deux? vous n'auriez
» donc aimé qu'une femme indigne,
» & je n'aurois aimé qu'un malhon-
» nête homme. Juſte Ciel! cette re-

» flexion m'attendrit sur vous, & » je ne me reproche point le mou- » vement de tendresse qui me vient » ici. Vous êtes naturellement ver- » tueux : quel malheur, que vous » cessassiez de l'être ! & ce malheur, » voudriez-vous qu'il fût mon ou- » vrage ? voilà ce que je sens, ren- » dez-moi tendresse pour tendresse : » Que la vôtre, à présent ressemble » à la mienne ; vous avez les mê- » mes reflexions à faire sur moi ; » c'est la même horreur à envisager » pour nous deux. Je suis née ver- » tueuse aussi-bien que vous : auriez- » vous le courage de m'ôter ma ver- » tu ? m'ôter ma vertu ! l'amour » même, dans une ame comme la » vôtre, est-il compatible avec cette » idée-là ? je sçai bien que dans la » suite, nous aurons quelque peine » à penser toûjours de même ; mais » j'y ai pourvû : j'ai fait remarquer » à mon mari, que vous veniez sou- » vent ici, & que vos visites, toutes » innocentes qu'elles étoient, pou- » voient nuire à une femme de mon » âge : Il vous le dira, il me l'a pro-

„ mis ; prenez votre parti là-dessus.
„ Si je vous revois encore chez
„ moi, mon mari sçaura que je vous
„ aime : J'y suis résoluë : j'en per-
„ drai peut-être & son estime & son
„ amour ; mais, pour les mériter, il
„ faut me résoudre à les perdre, &
„ si ce n'est encore assez, j'instruirai
„ tous mes amis de ma foiblesse : ils
„ seront autant de barrieres que je
„ mettrai entre vous & moi. Voilà
„ des extremités, où assurément vous
„ êtes incapable de me réduire ; il
„ me suffit de vous les montrer. Je
„ ne vous demande ni votre souve-
„ nir ni votre oubli : Je suis encore
„ trop foible pour oser m'examiner
„ là-dessus ; & je ne veux pas sça-
„ voir lequel des deux je souhaite-
„ rois. Pour moi, je vais tâcher de
„ vous oublier ; je ne suis point obli-
„ gée d'y réussir ; mais je suis obli-
„ gée de faire, toute ma vie, ce que
„ je pourrai pour cela, & je vais
„ remplir mes devoirs : je ne vous
„ verrai plus, Adieu.

Mon ami, après m'avoir lû cette Lettre, me dit qu'il y avoit fait ré-

ponse

ponſe au gré de la vertu de cette Dame, & qu'il partoit le lendemain pour ſa Province.

TROISIE'ME FEUILLE.

JE ſortois, il y a quelques jours de la Comédie où j'avois été voir *Romulus* qui m'avoit charmé; & je diſois en moi-même: On dit communément *l'élegant Racine*, & le *ſublime Corneille*. Quel épithete donnera-t'on à cet homme-ci; je n'en ſçai rien; mais il eſt beau de les avoir meritées toutes deux.

J'étois donc profondément occupé de cette Tragedie, de l'élevation ſenſée des idées de l'Auteur, de la continuité de cette élevation. J'aimois dans la fierté de *Tatius*, cette rudeſſe des premiers temps, ce courage inacceſſible aux Conſeils de la neceſſité, & digne alors d'un Roi legitime, qui ſçavoit être plus vertueux que raiſonnable: j'aimois à voir *Herſilie* reſſembler dans ſon eſpece à ſon pere, ſe punir d'aimer en ſecret *Romulus* en lui montrant de la haine, & peut-être, le maltraiter plus que s'il lui avoit été indifferent; avoüer enfin ſon amour: mais, diſois-je en moi-même: que devient cet aveu, placé, comme il l'eſt? c'eſt une expoſition rapide de tous les ſacrifices qu'elle a faits de ſes mouvemens, à ſa vertu; c'eſt un Torrent de tous les ſentimens qu'elle avoit retenus: c'eſt le ſalut de ſon pere & de ſon amant; & cet amant, quel eſt-il? quel eſt ſon caractere? c'eſt toute la vertu, toute la generoſité poſſible, tour à tour maîtreſſe & dépendante du libertinage des ſentimens d'un jeune homme, & d'un jeune homme, chef des Bandits illuſtres.

C'étoit-là les penſées qui m'occupoient, lorſqu'en deſcendant l'eſcalier de la Comédie, je me ſentis arrêté par une Dame plus âgée que moi, & avec qui je ſuis ſur le pied d'un ami de trente ans. Vieux Rêveur, me dit-elle, en me tirant par la manche! voulez-vous venir ſouper chez moi? ſoit, mon ancienne, lui répondis-je ! notre tête à tête ne sera point de mauvais exemple : nous trouverons compagnie, me dit-elle. Là-dessus, nous tâchâmes de percer la foule, & de sortir : nous eûmes de la peine à en venir à bout.

Pendant les petites pauses que nous étions obligés de faire par intervalle, mon esprit pensif s'exerçoit à son ordinaire. Je regardois passer le monde ; je ne voyois pas un visage qui ne fût accommodé d'un nez, de deux yeux & d'une bouche ; & je n'en remarquois pas un, sur qui la nature n'eût ajusté tout cela dans un goût different.

J'examinois donc tous ces porteurs de visages, hommes & femmes : je tâchois de démêler ce que chacun pensoit de son lot ; comment il s'en trouvoit : par exemple, s'il y en avoit quelqu'un qui prît le sien en patience, faute de pouvoir faire mieux ; mais, je n'en découvris pas un, dont la contenance ne me dît ; je m'y tiens. J'en voyois cependant, surtout des femmes, qui n'auroient pas dû être contentes,

& qui auroient pû ſe plaindre de leur partage, ſans paſſer pour trop difficiles; il me ſembloit même qu'à la rencontre de certains viſages mieux traités, elles avoient peur d'être obligées d'eſtimer moins le leur. L'Ame ſouffroit; auſſi, l'occaſion étoit-elle chaude? joüir d'une mine qu'on a jugée la plus avantageuſe! qu'on ne voudroit pas changer pour une autre, & voir devant ſes yeux un maudit viſage qui vient chercher noiſe à la bonne opinion que vous avez du vôtre; qui vous préſente hardiment le combat, & qui vous jette dans la confuſion de douter un moment de la victoire; qui voudroit enfin accuſer d'abus le plaiſir qu'on a de croire ſa phyſionomie ſans reproche & ſans pair: ces momens-là ſont périlleux! je liſois tout l'embarras du viſage inſulté; mais cet embarras ne faiſoit que paſſer. Celle à qui appartenoit ce viſage, ſe tiroit à merveille de ce mauvais pas; & cela ſans doute, par une admirable dextérité d'amour-propre: une fiere ſecurité revenoit ſur ſa mine; il s'y peignoit un air de diſtraction dédaigneuſe, qui puniſſoit le viſage altier de la vanité de ſon étalage; mais qui l'en puniſſoit habilement, & qui diſoit à la Rivale, qu'on n'avoit pas ſeulement pris garde à elle.

Mais, diſois-je en moi-même! de quel expedient de vanité peut ſe ſervir une femme laide, pour entrer de la meilleure foi du monde, en concurrence avec une femme aimable & belle? ſi elle a la bouche mal-faite, ou ſi vous voulez, le nez trop long ou trop court; ce nez, quand elle le regarde, ſe racourcit-il, ou s'allonge-t-il? non: ce n'eſt pas cela, me répondois-je.

Quand une femme ſe regarde dans ſon miroir, ſon nez reſte fait comme il eſt; mais elle n'a garde d'aller fixer ſon attention ſur ce nez, avec qui, pour lors, ſa vanité ne trouveroit pas ſon compte: ſes yeux gliſſent ſeulement deſſus, & c'eſt tout ſon viſage à la fois; ce ſont tous ſes traits qu'elle regarde, & non pas ce nez infortuné qu'elle eſquivc, en l'enveloppant dans une vûë generale; & de cette façon même, il y auroit bien du malheur, si, tout laid qu'il est, il ne devient piquant, à la faveur des services que lui rendent les autres traits qu'on lui associe: bien plus, ces autres traits n'obligent pas un ingrat; & ce nez, devenu plus honorable, les accompagne à son tour de fort bonne grace. Mais ces autres traits seront peut-être difformes: qu'importe? plusieurs difformités de visage, jointes ensemble, regardées en bloc, maniées, & travaillées par une femme qui leur cherche un joli point de vûë, en dépit qu'ils en ayent, prennent une bonne contenance, & forment aux yeux de la coquette un tout qui l'enchante; qui lui paroît preferable à ce tas de beautés fades qu'elle voit souvent à d'autres femmes: &, c'est avec ce visage de la composition de sa vanité, qu'une femme laide ose lutter avec un beau visage de la composition de la Nature; eh! qui le croiroit? quelquefois, cela lui réüssit.

Les femmes n'étoient pas les ſeules qui me divertiſſoient, & je trouvois nos jeunes gens tout auſſi amuſans qu'elles.

Dans le nombre de ceux-ci, j'en voyois qui sembloient ſe remüer étonnés de la nobleſſe de leur figure, & qui, certainement comptoient ſur un égal étonnement dans les autres. Ils étoient vains, mais très-ſérieuſement vains, & comme chargés de l'obligation de l'être : je les interpretois. Quand on eſt fait, comme je ſuis, penſoit apparemment chacun d'eux ; on laiſſe agir à l'aiſe le ſentiment qu'on a de ſes avantages, en marchant ſuperbement, Moi ! je vais mon pas ; ma figure eſt un fardeau de graces nobles, impoſantes, & qui demande tout le recueillement de celui qui la porte. Qu'en dites-vous, hommes étonnés ? qui de vous, ſonge à faire quelque chicanne à ce maintien ? qui de vous, n'avoüera pas qu'il me ſied bien de me rendre juſtice ? n'eſt-il pas vrai que je vous ſurprens, & que la critique eſt muette à mon aſpect? garre! reculez-vous! vous empêchez le jeu de mes mouvemens; vous ne voyez mon geſte qu'à demi. Place au Phénomene de la Nature! humiliez-vous, figures médiocres ou belles; car c'eſt tout un, & vous êtes toutes au même rang auprès de la mienne.

Ce petit diſcours, que je fais tenir à nos jeunes gens, on le regardera comme une plaiſanterie de ma part: je ne dis pas qu'ils penſent très-diſtinctement ce que je leur fais penſer; mais tout cela eſt dans leur tête, & je ne fais que débroüiller le cahos de leurs idées: j'expoſe en détail, ce qu'ils ſentent en gros; & voilà, pour ainſi dire, la monnoye de la piece.

Après tout cela, je vais faire un aveu bien ſingulier; c'eſt que moi, qui démêlois leurs idées, qui développois leur orgueil, peu s'en falloit que je ne diſe; ils ont raiſon. A la lettre, la hardieſſe de leur vanité ſoûtenuë d'une belle figure, m'en impoſoit; je m'amuſois à les trouver bienfaits; & voilà, comme nous sommes tous : de grandes qualités dans un homme, un grand rang, un grand pouvoir, sont toûjours auprès de nous le passeport de ses défauts ; & dans le fond, c'est fort bien fait à nous d'être comme cela ; c'est le lien de la societé des hommes que cet éblouïssement de notre raison, que cette indulgence favorable aux foiblesses de ceux qui nous priment, & de qui nous sommes les inférieurs de façon ou d'autre.

Je continüois mes remarques sur cette foule de monde qui nous arrêtoit à la porte, lorsqu'enfin nous eûmes le passage libre. J'allai donc soûper chez la personne avec qui j'étois : nous y trouvâmes son frere avec une jeune Dame & un jeune Cavalier, de fort bonne façon tous deux. Je vis bien pendant le repas, qu'ils avoient envie de se plaire l'un à l'autre ; & moi, qui ne suis plus d'âge à plaire à personne, je pris le parti de m'amuser du petit spectacle qu'ils m'alloient donner. A les entendre parler, je commençai d'abord par ſentir qu'ils alteroient le ſon naturel de leur voix, pour y couler du gracieux, & qu'en prononçant, il n'y avoit pas juſqu'aux mouvemens de leur bouche, qu'ils ne vouluſſent aſſortir avec leurs tendres idées. J'aimerois mieux travailler toute une journée, comme un Crocheteur, que d'eſſuyer deux heures ſeulement, la fatigue qu'ils ſe donnoient, pour imaginer un caractere d'action qui jettât du goût dans les bras, dans les mains, dans la tête, dans les habits même : je n'eûs pas le temps de voir toute la Comédie : le frere de la Dame, après le repas, me pria d'écouter la traduction qu'il avoit faite d'un Manuſcrit Eſpagnol, où, entr'autres choſes, il me lut un ſonge dont je ſuis d'avis de donner ici le commencement ; je dis mal, ce n'eſt qu'une introduction au ſonge, c'eſt un jeune Seigneur Eſpagnol qui parle.

» Chacun croit les uſages de ſon » pays, les meilleurs, & les plus ſen» ſés. Il y avoit déja quelque temps » que j'étois dans les Gaules, quand

» un François que j'avois vû en Italie, vint me voir. Nous allâmes souper ensemble. Après le repas, notre conversation roula sur l'amour : il me fit un portrait des manieres d'aimer de son pays, & je lui peignis l'espece d'amour qui regnoit dans le nôtre. Ce sujet fut, entre nous, une matiere de dispute assez amusante. Nous examinions à qui des deux amours il falloit donner la preference : nous pesions nos raisons. Quand il tenoit la balance, les siennes l'emportoient : quand je la tenois, les miennes avoient leur revanche. Notre examen produisit cependant quelque chose ; c'est que nous nous retirâmes un peu plus éloignés de nous accorder, que nous ne l'avions été d'abord. J'allai me coucher, l'esprit rempli de la question que nous avions agitée, & je m'endormis du sommeil le plus profond. Dans cet état, je fis un rêve assez singulier, & si frapant, qu'à mon réveil, je n'en perdis pas la moindre circonstance.

Je m'arrête-là, & c'est jusqu'où j'ai pû déchiffrer l'écriture du Traducteur que je prierai de m'aider à lire le reste, que je donnerai la premiere fois.

QUATRIE'ME FEUILLE.

J'Ai promis dans la derniere Feüille du Spectateur, un rêve tiré d'un Manuscrit Espagnol; mais je ne puis m'empêcher de le différer: j'ai quelque chose de plus pressant à dire. Je cede à des reflexions moins amusantes, mais plus instructives: je me reprocherois d'écarter la situation d'esprit où je me trouve: je me livre aux sentimens qu'elle me donne; qui me penetrent, & dont je voudrois pouvoir penetrer les autres. Jamais, peut-être, ne me reviendroient-ils avec ce caractere d'attendrissement qu'ils portent? Je m'imagine en devoir compte aux autres; & je vais essayer de faire passer dans leur ame, toute la chaleur de l'impression qu'ils me font.

Je viens de rencontrer, ce ſoir, dans le détour d'une ruë, une jeune fille qui m'a demandé l'aumône : elle pleuroit à chaudes larmes ; ſon affliction m'a touché ; je l'ai regardée avec attention ; je lui ai trouvé de la douceur & des graces dans la phyſionomie ; beaucoup d'abbatement, avec un air confus & embarraſſé. Son habit, quoique mauvais, marquoit une condition honnête. Pourquoi pleurez-vous, lui ai-je dit ? helas ! Monſieur, c'eſt que je ſuis dans un état affreux, m'a-t'elle répondu, mais d'un ton qui m'a ſaiſi, & qui marquoit une déſolation profonde.

Là-deſſus, j'ai été tenté de la laiſſer, ſans lui en demander davantage, pour me ſauver de l'interêt douloureux qu'elle commençoit à m'inſpirer pour elle ; mais je n'ai pû me débarraſſer de la pitié qu'elle m'avoit faite : il auroit fallu prendre trop ſur moi, & ce menagement pour moi-même, m'auroit mis plus mal à mon aiſe, que la plus triſte ſenſibilité pour ſes malheurs.

Je l'ai donc tirée à quartier, &

dans un endroit où je pouvois l'écouter paisiblement..... Mademoiselle, vous me paroissez dans une grande peine, lui ai-je dit, en lui donnant quelque argent: que vous est-il arrivé?... elle ne m'a répondu d'abord que par des sanglots: ses larmes ont coulé avec plus d'abondance; enfin, s'étant un peu remise; puisque vous avez la bonté de prendre part à mon affliction, m'a-t'elle dit, je vais vous en instruire.

» Je suis une fille de famille; mon » pere avoit une Charge assez con» siderable en Province; il mourut, » il y a trois ans: le jeu avoit dé» rangé ses affaires, & ma mere est » restée veuve, chargée de trois » filles, dont je suis l'aînée. Nous » sommes venuës à Paris, ma mere » & moi, après avoir vendu tout » ce qui nous restoit, pour hâter la » décision d'un procez dont le gain » nous rétabliroit. Il y a dix-huit » mois que nous sommes ici. Notre » Partie, qui est puissante, & qui » prévoit qu'un Arrest ne lui peut

» être favorable, a eu assez de cré-
» dit pour le reculer: ces longueurs
» ont consommé ce que nous avions.
» Dans cette extremité, nous avons
» tenté de nous jetter aux pieds de
» nos Juges pour implorer leur jus-
» tice; mais au Palais, nous les avons
» toûjours trouvé entourés de
» Cliens, parmi lesquels nous n'o-
» sions nous mêler, mal vêtuës com-
» me nous sommes; & chez eux,
» soit que notre figure ne s'attirât pas
» l'attention de leurs domestiques,
» ou que nous vinssions à de mau-
» vaises heures, on nous a toûjours
» dit, que ces Messieurs étoient ab-
» sens ou occupés; de sorte que
» nous n'avons nul appui. On ne-
» glige de travailler pour nous, par-
» ce que nous n'avons point de quoi
» payer; enfin, Monsieur, la misere
» où nous sommes tombées, le cha-
» grin, le mauvais air, & l'obscu-
» rité du lieu où nous logeons; la
„ douleur de me voir souffrir moi-
„ même, & le grand âge, ont en-
„ tierement abbatu ma mere: elle
„ est malade, & tout lui manque,

„ & moi, qui ſuis au déſeſpoir de
„ la voir dans cet état-là, il faut,
„ Monſieur, que je combatte en-
„ core mon amour & ma compaſ-
„ ſion pour elle. Si je les écoute,
„ je ſuis perduë : un riche Bourgeois
„ m'offre tous les ſecours poſſibles ;
„ mais quels ſecours, Monſieur ! ils
„ ſauveroient la vie à ma mere ; ils
„ déshonoreroient éternellement la
„ mienne : voilà mon état ; en eſt-il
„ de plus terrible ? j'aime ma mere,
„ & je lui ſuis chere ; elle meurt,
„ cela me fait trembler pour nous
„ deux. Dans mon affliction, je lui
„ ai dit les offres de l'homme dont
„ je vous parle. A mon récit, j'ai
„ crû qu'elle alloit expirer entre mes
„ bras ; elle m'a baignée de ſes lar-
„ mes ; elle a jetté ſur moi des yeux
„ tout égarés, & s'eſt retournée de
„ l'autre côté, ſans me dire une ſeule
„ parole. Je ne ſçai pourquoi je ne
„ l'ai point preſſée de me parler ; il
„ ſemble que cette femme vertueuſe
„ ait perdu tout courage, & ſuc-
„ combe ſous notre malheur ; & moi,
„ je voudrois mourir pour être dé-
„ livrée

„ livrée du péril de la voir.

Tout honnête homme sentira combien les discours de cette fille ont dû me toucher. Je lui ai donné ce que j'ai pû : j'ai joint à cela les conseils que j'ai crû les plus convenables, & me suis retiré chez moi presque aussi affligé qu'elle.

Qu'il est triste de voir souffrir quelqu'un, quand on n'est point en état de le secourir, & qu'on a reçû de la Nature une ame sensible qui penetre toute l'affliction des malheureux, qui l'approfondit involontairement, pour qui c'est, comme une necessité, de la comprendre, & de ne rien perdre de la douleur qui peut en rejaillir sur elle-même !

Juste Ciel ! quels sont donc les desseins de la Providence dans le partage mysterieux qu'elle fait des richesses ! pourquoi les prodigue-t'elle à des hommes sans sentiment, nés durs & impitoyables ? pendant qu'elle en est avare pour les hommes genereux & compatissans, & qu'à peine leur a-t'elle accordé le necessaire. Que peuvent, après cela, devenir les malheureux, qui parlà n'ont de ressource, ni dans l'abondance des uns, ni dans la compassion des autres? Mais ces reflexions qui naissent de mon impuissante médiocrité, m'écartent de celles que me fournit l'avanture de la jeune fille en question.

Homme riche! vous, qui voulez triompher de sa vertu par sa misere; de grace! prêtez-moi votre attention : ce n'est point une exhortation pieuse; ce ne sont point des sentimens dévots que vous allez entendre : non, je vais seulement tâcher de vous tenir les discours d'un galant homme, sujet à ses sens aussi bien que vous; foible, & si vous voulez, vicieux; mais chez qui les vices & les foiblesses, ne sont point féroces, & ne subsistent qu'avec l'aveu d'une humanité genereuse. Oui! vicieux encore une fois, mais en honnête homme, dont le cœur est heureusement forcé, quand il le faut, de menager les interêts d'autrui dans les siens, & ne peut vouloir d'un plaiſir qui feroit la douleur d'un autre.

Je vous ſuppoſe jaloux de l'eſtime des hommes, & du droit de vous eſtimer vous-même : ſi vous n'êtes, comme je le dis, ce n'eſt plus à vous à qui je parle : vous n'êtes que la moitié d'une créature humaine ; vous en avez la figure & le penchant au mal ; mais vous n'en avez ni la dignité, ni la nobleſſe ; & pour lors, je m'adreſſe à d'honnêtes gens, qui, dans une avanture, comme la vôtre, pourroient ſe démentir, & ſe livrer à l'amour d'un vice odieux, préférablement au goût de vertu & de generoſité qu'ils ont en eux : goût ſecourable, qu'ils feroient peut-être avorter dans leur ame, qui, cependant, les preſſeroit, qui les pourſuivroit, qu'ils écarteroient, qui reviendroit à la charge ; enfin, qu'ils étoufferoient, crainte de l'aimer, d'y ceder, de devenir vertueux, & d'y perdre.

Quoiqu'il en ſoit, écoutez-moi, ſi vous le pouvez : que vous deveniez amoureux d'une femme qui peut se passer de vous, que nulle affaire importante n'expose à la necessité de vous recevoir: que vous la tentiez par votre opulence; que vous lui inspiriez l'envie d'être mieux; qu'à la vûë de votre abondance, il lui naisse des besoins qu'elle n'auroit pas connus; que vous profitiez de ces besoins imposteurs; que vous jettiez dans son cœur, moitié tendresse pour l'amant, moitié foiblesse pour l'homme riche; vous faites mal, vous êtes un mauvais Chrétien; mais à quelque délicatesse près, dont je comprends qu'il est difficile d'écouter le scrupule, vous êtes encore galant homme suivant le monde.

De même: que la jeunesse & les graces de la fille dont nous avons parlé, vous ayent donné de l'amour; ce n'est pas là ce qui m'étonne, & ma charge n'est pas de vous inquieter là-dessus; mais que ce visage frappé de désespoir, dont la souffrance a désolé les traits: que ces graces flétries par les larmes, n'ayent pas déconcerté votre amour, ou n'en ayent point fait une protection pour cette infortunée; que cet amour, loin de la plaindre de tant de maux, n'en ait reçu qu'une confiance plus brutale; que la misere la plus féconde en impressions touchantes, ne l'ait déterminée qu'à l'outrage, & non pas aux bienfaits: que vous dirai-je enfin? qu'à la vûë d'un pareil objet, cet amour ne se soit pas fondu en pitié genereuse; qu'en écoutant cette fille, la charité ne vous ait pas attendri sur le péril où l'exposoit son malheur; que le découragement, la lassitude qui pouvoit la prendre, n'ait pas attiré tous vos égards; que vous ayez pesé son infortune; que vous en ayez compris l'excès, sans en sentir vos desirs confondus, sans être épouvanté vous-même de vous surprendre dans le dessein horrible d'en profiter; voilà ce qui me passe: c'est une iniquité dont je ne sçai pas comment on peut soûtenir le poids; c'est une intrépidité de vice que mon imagination ne peut atteindre.

Tyran que vous êtes! qu'avez-vous dit à cette fille, dont vous avez vû la jeunesse en proye à la fureur des derniers besoins? malheur à toi que la faim dévore! à qui t'adresses-tu? mon incontinence va prendre avantage de ta misere. Si tes besoins te mettoient moins en prise, tu pourrois n'exciter que ma compassion; mais ils sont extrêmes; ils me corrompent; il ne s'agit plus de te plaindre; ton honneur m'échapperoit, si j'étois genereux: je l'attens de ton désespoir que ma dureté va pousser à bout; & miserable comme tu l'es, je te vois comme une bonne fortune qui vient s'offrir à ma débauche. Point de secours qui ne fasse ton opprobre? subis toutes les rigueurs de ton sort? acheve d'en être la victime; veux-tu du pain? deviens infâme, & je t'en accorde: voilà tout ce que je sens pour toi, voilà le fruit de l'imprudent aveu de ton infortune.

Est-ce-là, ce que vous avez dit à cette fille? si ce ne sont pas là vos paroles, du moins ce sont vos pensées. Vos pensées! non je ne le puis croire ; elles ont peut-être menacé de se montrer ; mais vous en avez craint la laideur trop affreuse, & vous vous y êtes refusé ; votre ame n'auroit pû supporter la vûë d'une mechanceté si distincte ; son libertinage n'auroit pû la sauver des remords, de l'horreur d'elle-même, ni des sentimens d'attendrissement qui l'auroient pressée : la victoire auroit été trop sanglante à remporter sur tout cela ; & ce n'est enfin qu'en vous étourdissant sur votre action, que vous l'avez commise ; cependant, valoit-elle que vous renonçassiez à la satisfaction d'être content de vous, que vous étouffassiez l'honnête homme, pour mettre le monstre en liberté ? vous me l'avoüerez : vos efforts, pour détruire l'un, vous mettoient mal avec vous-même. Vous n'osiez les reflechir ; vos efforts, contre l'autre, auroient été, presque des plaisirs ? il y seroit entré, je ne sçai quelle douceur de vous trouver dans l'ordre, hors de reproche ; & comme en état de vous regarder avec quietude & confiance, il s'y seroit mêlé, je ne sçai quel sentiment de votre innocence, je ne sçai quelle suavité, que l'ame respire alors, qui l'encourage, & lui donne un avant-goût des voluptés qui l'attendent. Oui! voluptés, c'est le nom que je donne aux témoignages flateurs qu'on se rend à soi-même, après une action vertueuse; voluptés bien differentes des plaisirs que fournit le vice: de celles-ci, jamais l'ame n'en a satieté; elle se trouve en les goûtant, dans la façon d'être, la plus délicieuse & la plus superbe; ce ne sont point des plaisirs qui la dérobent à elle-même; elle n'en joüit pas dans les tenebres; une douce lumiere les accompagne, qui la penetre, & lui présente le spectacle de son excellence. Voilà les plaisirs que vous avez sacrifiez à l'avilissement des plaisirs du vice: car, que sont-ils? qu'un état de prostitution pour l'ame, qu'elle ne goûte & ne se pardonne, qu'à la faveur du trouble qui lui voile son infamie. Mais, c'en est assez, ces reflexions m'ont mené

mené trop loin; il en naît encore de très-importantes de l'avanture de cette fille & de sa mere, qui n'ont pû aborder leurs Juges, & dont la pauvreté met les affaires en souffrance: cela me fournit une matiere digne d'être traitée dans un autre discours. Juges! que les devoirs de votre état sont nobles! mais je finis: nous les examinerons ailleurs.

CINQUIE'ME FEUILLE.

J'Ai promis un *Rêve*; je m'en ressouviens; mais, c'est un rêve qui ne roule que sur l'amour. Ami lecteur! en verité, cela peut se differer. Je me sens aujourd'hui dans un libertinage d'idées, qui ne peut s'accommoder d'un sujet fixe.

Je viens de voir l'entrée de L'INFANTE. J'ai voulu parcourir les ruës pleines de monde: c'est une fête délicieuse pour un Misantrope, que le Spectacle d'un si grand nombre d'hommes assemblés; c'est le temps de sa récolte d'idées. Cette innombrable quantité d'especes de mouvemens, forme à ses yeux un caractere generique. A la fin, tant de sujets se réduisent en un : ce n'est plus des hommes differens qu'il contemple ; c'est l'homme representé dans plusieurs mille.

Au milieu de mes reflexions, j'ai apperçû un pauvre *Savetier* qui travailloit d'un sang froid admirable dans sa boutique : de temps en temps, il jettoit ses regards sur cette foule de gens curieux qui s'étouffoient ; & il critiquoit après leur curiosité, de ses deux épaules qu'il levoit en pitié sur eux. Il m'a pris envie de voir de près ce Philosophe subalterne, & d'examiner quelle forme pouvoient prendre des idées philosophiques, dans la tête d'un homme qui raccommodoit des Souliers.

Je me suis approché. J'ai fait plus, je lui ai demandé un azile dans sa boutique contre la foule. Comment ! lui ai-je dit ; vous travaillez, pendant que vous pouvez voir de si belles choses, mon bonhomme !

Pardy, m'a-t'il répondu, *Monsieur !* cela est trop beau pour de petites gens comme nous ; cela ne nous appartient pas, de voir ces beautés-là : cela est bon pour vous autres gens qui avez votre pain cuit, & qui avez le temps de mettre votre journée à ne rien faire : voyez-vous, Monsieur, quand on a de l'ouvrage qu'il faut rendre, ou jeûner, sans en avoir envie : le Cheval de bronze marcheroit de ses quatre pattes, que j'aimerois, mardi mieux, le croire, que de l'aller voir. Les fainéans ne valent rien à suivre, c'est une compagnie qui n'est pas saine pour ceux-là qui n'ont pas moyen d'être comme eux. J'interrompis ce discours d'un soû-rire.... Tenez, ajoûta-t-il après, en se retournant : voilà quatre escabeaux dans ma boutique ; je suis content, comme un Roi, avec cela & mes savattes : je m'en accommode à merveilles, quand je ne m'amuse pas à regarder toutes ces braveries-là ; mais, si-tôt que je vois tant de beaux équipages, & tout ce monde qu'il y a dedans, mes escabeaux & mes savattes me fâchent; je deviens triste; je n'ai plus de cœur à l'ouvrage. Pardi! puisque Dieu m'a fait pour raccommoder de vieux souliers, il faut aller mon train, laisser là les autres, & vivre bon serviteur du Roi & des siens; le reste n'a que faire de moi, ni moi du reste. J'en serai bien mieux, quand j'aurai été courir la pretantaine, & gagner plus d'appetit qu'à moi n'appartient d'en avoir. Vous ne sçavez pas ce que c'est que d'être Savetier, cela vous passe.

Ce brute Socrate s'est arrêté-là; je ne lui ai rien répondu, sinon qu'il avoit raison : la Scene a fini par une petite Chanson qu'il a entonnée; & ma curiosité satisfaite, je me suis retiré de sa boutique, pour aller butiner quelques nouveautés ailleurs.

Je me suis amusé quelque temps de la populace qui se renversoit la tête, pour considerer les Arcs de Triomphe; & dans sa façon de voir, j'ai crû démêler que l'admiration du peuple pour une belle chose, ne vient pas précisément de ce qu'elle est belle, mais bien des événemens plus ou moins importans, qui font qu'elle est exposée là, & qui la vantent à son imagination.

J'entendois dire de tous côtés. Oh! que cela est beau! & moi qui allois au principe de cette exclamation dans l'esprit du peuple, je la mettois en forme; & voici l'espece d'argument qu'elle me rendoit. Hé! vois-tu tout ce monde! c'est que l'Infante arrive. Tout ce que nous voyons-là, est fait pour Elle; regardons bien, car assurément cela doit être beau. Oh! que cela est beau!

Il est certain que ces Arcs de Triomphe étoient curieux, & que c'étoit une décoration qui avoit beaucoup de dignité; mais, en développant l'esprit de cette populace, je voyois de pauvres Enseignes de Cabaret, à qui, peut-être, il ne manque, pour être converties en chef-d'œuvre, que d'être exposées pour une avanture de consequence.

Tableaux de *Raphaël*, disois-je encore en moi-même! si vous étiez à la place de ces mêmes Enseignes, j'aurois grande peur que vos Curieux ne vous prissent pour ce que vous paroîtriez : je veux mourir, si, en vous voyant, ils s'avisoient de vous deviner là. Helas ! combien est-il de mauvais Tableaux parmi vous, qu'un coup de hazard, qu'une estime visionnaire qui a fait du progrès, vous a donnés pour freres? & à combien de vos freres a-t'on fait l'injure de ne les pas reconnoître, pour avoir paru trop tard, ou dans une occasion peu favorable ?

En verité, à cela près que nous vivons, & que nous pensons, nous sommes tous des Tableaux, les uns pour les autres : notre fortune va du moins comme la leur.

Tel est un Raphaël, un Tableau du plus grand prix, je veux dire un homme né plein d'esprit & de talens: si le hazard ou sa naissance l'a mal exposé, c'en est fait, il a beau nous voir, nous parler tous les jours, voilà notre discernement en défaut sur son compte : rien ne nous avertit de ce qu'il vaut, la médiocrité de son état l'enveloppe, pour ainsi dire, d'un nuage qui nous le dérobe : c'est un personnage inutile, confondu dans la foule, que nous méprisons : il n'a ni biens, ni rang, ni crédit, voilà le fantôme qui nous frappe, à la place de l'homme que nous n'appercevons pas ; voilà le masque qui nous cache son visage ; enfin, voilà le Tableau, tout beau qu'il est, Enseigne de Cabaret pour toûjours. Tel au contraire, est un Tableau de *Barboüilleur* ; & je le vois entouré de Curieux qui lui trouvent un vrai mérite qu'il n'a point. Est-il pesant ? parle-t'il peu ? ils me disent que c'est un homme froid, mais plein de jugement & de reflexion. Parle-t-il mal & beaucoup ? qu'il est agréable & vif ! ces Curieux sont donc des bêtes ? non, ce sont gens d'esprit, de la meilleure foi du monde, qui le pensent comme ils le disent ; ils ont peut-être eu quelque peine à persuader eux-mêmes, mais l'homme, dont il s'agit, est dans une opulence ou dans un crédit qui le rend necessaire, & qui a levé leurs doutes. Ils vous diroient volontiers, je n'ai pas d'abord pris cet homme-là pour ce qu'il est, & vous vous écrierez ! voilà des flateurs : point du tout ; je vous l'ai déja dit, ils n'ont pas même cet honneur-là. Il n'y a point d'iniquité dans leur fait, ce sont en cela de vrais duppes, de vrais innocens, dont l'esprit est, pour ainsi dire, aux gages de l'interêt : c'est ce miserable interêt qui a joüé ce tour de souplesse à leur jugement, & qui leur fait accroire qu'un grand équipage, un grand nombre de valets, une bonne table, sont de l'esprit, de la pénétration, de la vivacité, & de bons mots.

C'étoit-là à peu près les idées qui me venoient successivement dans la tête, quand le Roi a passé. Le peuple, à son ordinaire, a crié, *Vive le Roi !* j'ai trouvé ses acclamations attendrissantes. C'étoit plus qu'un

Roi, plus qu'un Maître qui paroissoit. Ce peuple, dans ses transports, sembloit revêtir ce jeune Prince de titres moins superbes, mais plus aimables, plus touchans, & peut-être plus augustes : c'étoit le bienfaiteur, l'ami de chaque homme de la Nation ; c'étoit le protecteur, l'esperance, l'amour, & les délices du peuple que l'on voyoit passer.

Rois, Princes de la Terre ! ce n'est ni la garde qui vous environne, ni cette foule d'hommes soûmis qui composent votre Cour, ni vos richesses, ni votre vaste puissance, qui seroient mon envie. Ceux qui, parmi vous, ne sont sensibles qu'à ces avantages, sont simplement des hommes riches, redoutables, puissans, & ne sont pas Rois. Assis sur le Trône, ils ne regnent pas ; je les vois, dans le sein du bonheur, sans qu'ils en profitent. Autant que leur vie a d'instans, autant, s'ils veulent, vont-ils goûter de plaisirs, mais des plaisirs vraiment dignes de leur rang, & dont le Ciel n'a destiné l'abondance délicieuse, que pour eux-ſeuls. Rois! qu'eſt-ce donc que votre condition a de flateur? quel eſt celui qui regne? quel eſt le Prince qui joüit des vrais biens attachés au Trône? c'eſt celui qui ſçait faire un genereux uſage de la crainte & du reſpect que la majeſté de ſon rang inſpire : cette crainte & ce reſpect, ſont les moindres de ſes droits, ou plutôt ils ne font que lui préparer ſes veritables droits. Craint, il n'eſt encore que le maître: Aimé, le voilà Roi. Eh! comment l'aime-t'on? comptez tous les ſentimens de vénération, d'eſtime, d'admiration, tous les mouvemens de tendreſſe, de dévoüement, de confiance, dont l'homme eſt capable, voilà de quoi ſe compoſe l'amour qu'on a pour un maître dans qui l'on eſt charmé de trouver un Roi; enfin, voilà les Tréſors du rang ſuprême. Un accuëil obligeant, un ſentiment de bonté, un ſoû-rire, un geſte, une parole; Princes! ce ſont là pour vous les clefs de ces Tréſors. Oui! ſoyez doux, affables, genereux, compatiſſans, careſſans dans vos diſcours, & vous êtes possesseurs de ces biens dont l'ambition a fait les grands hommes, & dont à peine ont-ils pû s'acquerir une petite partie.

Quelqu'un que j'ai entendu parler alors, d'un ton de voix extrêmement haut, a mis fin à mes reflexions : là-dessus, je me suis retourné, & j'ai vû plusieurs hommes qui en entouroient un autre qui leur parloit avec beaucoup d'action : j'ai soupçonné qu'il y auroit là quelque chose pour moi : je me suis donc approché; je ne repeterai point ce qu'il disoit; il parloit de la derniere Paix avec *l'Allemagne* & *l'Angleterre*; il jettoit les Ministres dans des intrigues politiques : il s'étonnoit de leur habileté : & je remarquai qu'insensiblement, la dignité du sujet étourdissoit cet homme : qu'elle reflechissoit sur son ame, & la remüoit d'un sentiment d'élevation personnelle. De la façon dont cela se passoit dans son esprit, je voyois que c'étoit lui qui se reconcilioit avec les Puissances, ou plutôt, il étoit tour à tour *l'Allemagne*, *l'Angleterre*, la *Hollande*, & la *France.* Il avoit fait la Guerre, il faisoit la Paix. L'admiration judicieuse qu'il avoit pour les Ministres, lui en glissoit une de la même valeur pour lui-même. Bien-tôt les Ministres & lui, ne faisoient plus qu'un, sans qu'il s'en doutât. Je sentois que dans son intérieur, il parcouroit superbement un vaste champ de vûës politiques: il exageroit sa matiere avec volupté; c'étoit l'homme chargé des affaires de tous ces Royaumes; car il étoit Allemand, Hollandois, Anglois, François: il étoit tout, pour avoir le mérite de tout faire. Quelquefois, la difficulté des negociations necessaires l'étonnoit extrêmement; mais je le voyois venir; il n'y perdoit rien à s'étonner; il en avoit plus d'honneur à percer dans les voyes qu'on avoit tenuës pour faire reüssir ces negociations; il ne disoit pas tout ce qu'il appercevoit; il lui suffisoit d'être soupçonné d'une pénétration profonde, & de voir ses Auditeurs, avoüer dans un humble silence, qu'il en sçavoit plus qu'eux.

Quelqu'un de la bande d'un amour propre plus retif, & plus entendu dans ses interêts, ne trouvoit pas apparemment son compte à fournir son contingent d'étonnement pour le discours de notre politique. Un petit mot, Monsieur, lui dit-il, de l'air d'un homme qui ne se paye pas de babil, & qui a trop d'esprit pour s'épouvanter de celui d'un autre : prenez bien garde que ces Ministres que vous loüez tant, auroient pû dans telle occasion..... Monsieur, lui répondit l'autre, en lui coupant la parole ; je ne force personne, & vous êtes libre d'en penser ce qu'il vous plaira : ce que j'ai dit, n'en est pas moins juste. Le Censeur, à ces mots, soûrit d'un air incrédule, & se tût ; & moi, je dirois volontiers à tous les Censeurs de son espece ; Messieurs, ne soyons point de ceux qui cherchent toûjours querelle au mérite des belles choses ; loüons ce qui est loüable, & laissez-là ce petit profit d'orgüeil que vous trouvez à critiquer.

Rien n'eſt plus vrai qu'un homme oiſif ſe plaît à diſputer ſon eſtime à la conduite des perſonnes en place : il entre dans les dégoûts qu'il prend pour elle, certaine audace qui lui rit, qui le venge de ſon peu de relief, de l'inaction dans laquelle il paſſe ſa journée, & lui donne, je ne ſçai quel air d'importance momentanée, dont il s'amuſe.

Mais je penſe que je ferai bien de quitter la plume ; je ſens que je m'appeſantis. Cette Feüille-ci a été retardée par des accidens qui n'arriveront plus dans la ſuite, mais qui pourroient bien avoir cauſé la langueur que je crois ſentir ici.

SIXIE'ME FEUILLE.

JE m'amuſois, l'autre jour, dans la Boutique d'un Libraire, à regarder des livres : il y vint un homme âgé, qui, à la mine, me parut homme d'eſprit grave ; il demanda au Libraire, mais d'un air de bon

Connoiſſeur, s'il n'avoit rien de nouveau : j'ai le *Spectateur*, lui répondit le Libraire. Là deſſus, mon homme mit la main ſur un gros livre, dont la reliûre étoit *neuve*, & lui dit; eſt-ce cela? non, Monſieur, reprit le Libraite : le Spectateur ne paroît que par Feüille, & le voilà : fy, répartit l'autre ! que voulez-vous qu'on faſſe de ces Feüilles-là? cela ne peut être rempli que de fadaiſes, & vous êtes bien de loiſir d'imprimer de pareilles choſes.

L'avez-vous lû, ce Spectateur, lui dit le Libraire? moi ! le lire, répondit-il : non, je ne lis que du bon, du raiſonnable, de l'inſtructif ; & ce qu'il me faut, n'eſt pas dans vos Feüilles. Ce ne ſont ordinairement que de petits ouvrages de jeunes gens qui ont quelque vivacité d'Ecolier, quelques ſaillies plus étourdies que brillantes, & qui prennent les mauvaiſes contorſions de leur eſprit, pour des façons de penſer, legeres, délicates & cavalieres. Je n'en veux point, mon cher; je ne ſuis point curieux d'*originalitez* puériles.

En effet, je ſuis du ſentiment de Monſieur, dis-je alors, en me mêlant de la converſation ; il parle en homme ſenſé : pures bagatelles que des Feüilles ! la raiſon, le bon ſens & la fineſſe, peuvent-ils ſe trouver dans ſi peu de papier ? ne faut-il pas un vaſte terrain pour les contenir ? un bon eſprit s'aviſa-t'il jamais de penſer & d'écrire autrement qu'en gros volumes ? jugez de quel poids peuvent être des idées enfermées dans une Feuille d'impreſſion que vous allez ſoûlever d'un ſouffle ? & quand même elles ſeroient raiſonnables ces idées ; eſt-il de la dignité d'un perſonnage de cinquante ans, par exemple, de lire une Feüille volante, un colifichet ? cela le traveſtit en petit jeune homme, & deshonore ſa gravité ; il déroge, non, à cet âge-là : tout ſçavant, tout homme d'eſprit ne doit ouvrir que des *In-folio*, de gros tomes reſpectables par leur peſanteur, & qui, lorſqu'il les lit, le mettent en poſture décente ; de ſorte qu'à la vûë du titre ſeul, & retournant chaque feuillet

feuillet du gros livre, il puisse se dire familierement en lui-même voilà ce qu'il faut à un homme aussi sérieux que moi, & d'une aussi profonde reflexion.) Là-dessus il se sent, comme entouré d'une solitude philosophique, dans laquelle il goûte en paix le plaisir de penser qu'il se nourrit d'alimens spirituels, dont le goût n'appartient qu'aux raisons graves. Eh bien, Monsieur, qu'en dites-vous? n'est-ce pas-là votre pensée?

Ce discours surprit un peu mon homme. Il ne sçavoit, s'il devoit se fâcher ou se taire; je ne lui donnai pas le temps de se déterminer. Monsieur, lui dis-je encore, en lui présentant un assez gros livre que je tenois: voici un *Traité de morale*; le volume n'est pas extremement gros, & à la rigueur, on pourroit le chicanner sur la médiocrité de sa forme; mais je vous conseille pourtant de lui faire grace en faveur de sa matiere; c'est de la morale, & de la morale déterminée, toute cruë. Malepeste! vous voyez bien que cela fait une lecture importante, & digne du flegme d'un homme sensé ; peut-être même la trouverez-vous ennuyeuse, & tant mieux? à notre âge, il est beau de soûtenir l'ennui que peut donner une matiere naturellement froide, sérieuse, sans art, & scrupuleusement conservée dans son caractere. Si l'on avoit du plaisir à la lire, cela gâteroit tout : voilà une plaisante morale que celle qui instruit agréablement ! tout le monde peut s'instruire à ce prix-là, ce n'est pas là de quoi l'homme raisonnable doit être avide ; ce n'est pas tant l'utile qu'il lui faut, que l'honneur d'agir en homme capable de se fatiguer pour chercher cet utile, & la vaste secheresse d'un gros Livre, fait justement son affaire.

Chacun a son goût, & je vois bien que vous n'êtes pas du mien, me dit alors le Personnage qui se retira mécontent & décontenancé, & que peut-être notre conversation reconciliera dans la suite avec les brochures, si ce n'est avec les miennes qui peuvent ne le pas mériter, ce ſera du moins avec celles des autres.

Quoiqu'il en ſoit, le mépris qu'il a fait du Spectateur, ſans le connoître, ne m'empêchera pas de donner la traduction du *Rêve* que j'ai promis, tout frivole qu'en paroîtra le ſujet aux perſonnes qui lui reſſemblent. C'eſt de l'*Amour* dont il s'agit. Eh bien de l'amour! le croyez-vous une bagatelle, Meſſieurs? je ne ſuis pas de votre avis, & je ne connois guéres de ſujet ſur lequel le Sage puiſſe exercer ſes reflexions avec plus de profit pour les hommes.

Dirai-je aux perſonnes qui n'ont pas daigné lire mes feuilles precedentes, l'origine du rêve en queſtion? non! mon Libraire me ſçauroit mauvais gré de leur épargner l'achat des brochures qui peuvent les mettre au fait de celle-ci, s'ils veulent y être. Quant à ceux qui me liſent, ils ſe ſouviendront que c'eſt un Eſpagnol qui parle.

„ Je m'endormis donc du ſomeil „ le plus profond, & je rêvai que „ je me trouvois au milieu d'une

„ vaste campagne, partagée en deux „ Terres de differente nature. A „ droite, ce n'étoit que fleurs odo- „ riferantes, & qu'arbres fruitiers; „ mais ces fleurs étoient séches & „ fanées, & les arbres mouroient „ de vieillesse. La campagne de ce „ côté, me paroissoit abandonnée; „ elle étoit devenuë sauvage. Pour- „ quoi, disois-je, laisse-t-on inculte „ un pays naturellement si fertile?

„ Alors, en jettant ma vûë un „ peu plus loin, je découvris un „ Palais. L'Architecture en étoit no- „ ble & majestueuse; les graces s'y „ marioient avec la majesté, & leur „ accord donnoit à l'édifice un as- „ pect touchant & respectable.

„ Je jugeai par quelques ruines, „ que ce devoit être un ancien mo- „ nument; & je regardois avec ap- „ plication, quand, au travers de „ quelques arbres, il parut une fem- „ me dont la beauté me surprit: „ cependant, je remarquai quelque „ tristesse sur son visage; elle soûrit, „ en me voyant, & je m'avançai res- „ pectueusement vers elle, pour lui „ demander où j'étois.

„Jeune homme! vous êtes en „peine, me dit-elle, & vous ne „comprenez rien à tout ce que „vous voyez. J'allois vous prier de „m'inſtruire, lui répondis-je; je le „veux bien, répartit-elle: vous „voici dans les Terres de l'amour; „ce Palais antique eſt ſa demeure; „& moi, je ſuis l'*Eſtime*, compagne „inſéparable de ce Dieu d'amour.

„De grace, expliquez-moi, lui „dis-je, ce que ſignifient ces arbres, „ces fleurs fanées dont l'odeur me „réjoüit encore. Cette Terre me „paroît excellente; pourquoi ne „la cultive-t'on point? ce n'eſt plus „qu'un déſert: l'amour manque-„t'il de ſujets?

„Tout ce que vous voyez, me „dit-elle, n'eſt fait que pour votre „inſtruction; c'eſt une image des „effets que produiſit autrefois l'a-„mour chez les hommes. Cette „Terre figure leur ame; ces fleurs „& ces arbres, ſont les vertus que „l'amour y faiſoit naître; l'état „mourant dans lequel vous paroiſ-„ſent toutes ces choſes, vous mar-

„ que qu'elles ſont anciennes. Cette „ Terre ne produit aujourd'hui ni „ fleurs fraîches, ni arbres nouveaux ; c'eſt que l'amour ne regne „ plus parmi les hommes, & qu'il „ n'échauffe plus leur ame du goût „ des vertus qu'il y faiſoit germer „ autrefois.

„ Remarquez tous ces arbres fruitiers de differente eſpece ; ils ſont „ le ſymbole de la nobleſſe, de la „ generoſité & de la ſageſſe des ſentimens, dont l'amour ornoit le „ cœur des plus grands Perſonnages.

„ Parmi ces arbres, vous en voyez „ quelques-uns dont il ſemble qu'on „ ait arraché quelques racines ; & „ ces racines arrachées, ſignifient „ les vices que l'amour a détruit „ dans ces grands hommes, ou bien, „ expriment ce qu'il a retranché de „ vicieux dans des ſentimens mal „ reglés, & qu'il a rendus plus humains & plus loüables.

„ Regardez cet arbre plus haut que „ les autres, & dont, en quelques „ endroits, on a coupé les racines ;

„ il figure les vertus d'un jeune Hé-
„ ros, qui dût à son attachement
„ pour une aimable & vertueuse per-
„ sonne, l'estime & l'admiration que
„ son siecle eut pour lui. Avant que
„ l'amour l'eût assujetti sous ses
„ Loix, la grandeur de sa naissance
„ lui inspiroit un noble orgueil;
„ mais un peu d'excès dans cet or-
„ gueil, en altéroit la dignité. Ce
„ Héros étoit genereux, quand il
„ s'offroit des occasions de l'être;
„ mais il ne sçavoit pas encore cher-
„ cher ces occasions précieuses: il
„ auroit craint de trahir son rang,
„ s'il les avoit prévenuës: il envisa-
„ geoit un air prévenant, comme
„ un abaissement dans ses Pareils,
„ & il auroit crû s'humilier, en se
„ rendant aimable: il n'estimoit, il
„ ne mettoit encore au nombre des
„ hommes, que ceux qui, par leur
„ naissance, pouvoient, ou l'appro-
„ cher, ou lier commerce avec lui.
„ C'étoit aussi les seuls qu'il obli-
„ geoit, parce qu'il n'imaginoit de
„ reconnoissance flateuse, que la
„ leur: c'étoit au rang de celui sur

„ qui tomboient ſes bienfaits, que „ ſe meſuroit le plaiſir qu'il avoit „ à les répandre. Il méconnoiſſoit „ la miſere la plus touchante, dès „ que le malheureux qu'elle accabloit, étoit un homme obſcur, „ qui n'eût offert à ſa vertu qu'un „ exercice ignoré & ſans faſte. Ce „ n'étoit pas qu'il ne fût naturellement ſenſible; mais ſa fierté n'admettoit rien de genereux, que ce „ qui étoit ſuperbe, & vouloit trouver dans les ſujets, un vain éclat „ qui les ajuſtât à elle, & pour ainſi „ dire, juſtifiât l'interêt qu'elle y „ daignoit prendre. Ce Héros étoit „ plein de valeur dans les combats, „ mais d'une valeur aveugle, ſujette „ à ſe ſoüiller d'un ſang reſpectable, du ſang d'un ennemi vaincu. „ Quand il récompenſoit un ſervice, „ ce n'étoit que l'action qu'il payoit: „ il ne joignoit pas à la récompenſe „ cette aimable façon de donner, „ qui fait préciſément le ſalaire de „ celui qui a mérité qu'on lui donne: il étoit équitable, & n'étoit „ pas également bon.

„ Dès

„ Dès qu'il aima, ce ne fut plus „ le même homme : l'envie de de- „ venir digne de celle qu'il aimoit, „ fit disparoître tous ses défauts; „ l'amour purifia sa valeur & sa fier- „ té, de cet excès qui les déshono- „ roit toutes deux. Tout l'Empire „ retentit bien-tôt du bruit de ses „ vertus.

„ Je ne vous dirai rien des autres „ arbres, me dit alors cette femme: „ parcourez dans votre imagination „ les vertus les plus éclatantes, ces „ arbres les representent toutes. A „ l'égard de ces fleurs, dont le nom- „ bre est presque infini, elles figu- „ rent de bonnes qualités, d'un prix „ peut-être égal aux vertus des „ grands Personnages ; mais que la „ condition de ceux qui les dûrent „ à l'amour, rendit moins brillantes, „ & d'une importance plus médio- „ cre ; & pour vous en donner une „ legere idée, ce sont des yvrognes, „ devenus sobres ; des débauchés, „ devenus sages; des avares, faits „ genereux ; des menteurs, corrigés „ de leur vice, par la honte d'en

„ être méprisables ; des brutaux, ra-
„ menés à un caractere plus doux
„ & plus sociable ; c'est de la jeu-
„ nesse impudente, devenuë mo-
„ deste & respectueuse ; des faincans,
„ devenus laborieux ; des hommes
„ sans foi, sans probité, transfor-
„ més en gens d'honneur ; ce sont
„ d'habiles gens dans les Arts, à qui
„ l'amour inspira de l'émulation, &
„ qui crurent leurs Maîtresses, dignes
„ de la gloire d'avoir des Amans il-
„ lustres par leurs talens : ce sont
„ même des coquettes, dont l'amour
„ a réformé les manieres, qu'il a
„ gueries de cette insatiable avidité
„ de plaire, & qui ont senti qu'une
„ pudeur scrupuleuse étoit le plus
„ aimable trait d'une femme ; qu'il
„ est honteux de débaucher les
„ cœurs, & glorieux de les atten-
„ drir ; enfin, vous voyez dans ces
„ fleurs une infinité de vertus moyen-
„ nes & domestiques.

„ Mais, avançons vers ce Palais
„ qui a frappé vos regards ; il est
„ temps que vous connoissiez l'a-
„ mour & sa suite ; que vous appre-

„ niez ce qu'étoit autrefois son re-
„ gne ; par quelles actions éclatoit
„ le penchant dont il lioit les ames,
„ & comment s'aimoient les deux
„ sexes : nous descendrons dans les
„ Jardins de l'amour, vous y verrez
„ des Amans ; vous y verrez du
„ moins des figures qui vous instrui-
„ ront autant que feroit la réalité ;
„ & quand vous aurez visité ce can-
„ ton où nous sommes, on vous
„ conduira dans cette autre Terre
„ que vous avez remarquée diffe-
„ rente de celle où vous êtes. Là,
„ vous verrez un Monstre qu'on
„ appelle *amour* ; mais marchons, &
„ songez à profiter de tout ce qu'on
„ va vous montrer.

Dans la feuille suivante, je donnerai le reste du Rêve, & j'espere que ce qu'il a de curieux, méritera l'attention de mes Lecteurs.

SEPTIEME FEUILLE.

JE n'ose me flatter que le Public se soit apperçu, que le Spectateur a été interrompu quelques mois : cependant, comme certaines personnes ont parlé de cet Ouvrage avec un peu d'estime, je leur dois compte, ce me semble, des raisons qui en ont retardé la suite, & les voici.

Soupçonneroit-on un Contemplateur des choses humaines, un homme âgé qui doit être raisonnable? tranchons le mot ; un Philosophe? le soupçonneroit-on de s'être dégoûté d'écrire, seulement par ce qu'il y a des gens dans le Public qui méprisent ce qu'il fait? voilà pourtant l'origine de mon dégoût : n'est-ce pas là un loüable motif de silence? Quelle misere que l'esprit de l'homme!

Je croyois n'être plus vain ; mais je vois bien que je n'ai changé que de façon de l'être. J'ai cependant fait ce que j'ai pû pour guerir de ma vanité ; mais tout ce que mes efforts ont operé contr'elle, c'est que de courageuse qu'elle étoit autrefois, elle est devenuë lâche : nos foiblesses combatuës sous une figure, nous échappent sous une autre. Il n'est pas question de les détruire ; il s'agit de quelque chose de plus pénible & de plus glorieux, c'est de les poursuivre sans cesse.

Oui, Messieurs mes Critiques ! vos mépris m'avoient découragé ; mais, comment découragé ? c'étoit par vanité mécontente que j'avois discontinué d'écrire : souffrez donc que je recommence ; je compte encore sur vos mépris, & je vais m'en servir, comme d'une recette contre cette vanité dont je croyois être défait, & qui reparoît métamorphosée en dégoût. Courage, Messieurs ! c'est pour une bonne œuvre que je vous sollicite : j'étois tout triste de vous déplaire, parce que cela m'ôtoit l'honneur d'avoir de l'esprit avec vous. Que je vous aye l'obligation de ne me plus soucier de cet honneur-là ! allons, ne vous relâchez pas ; critiquez bien, critiquez mal, n'importe lequel des deux : mon profit ou le vôtre, s'y trouvera toûjours. Si c'est bien, je dirai que le ciel vous le rende ; je vous regarderai comme mes bienfaicteurs ; j'avertirai le Public de la justesse de vos préceptes : si c'est mal, je tâcherai de vous induire à penser plus juste : j'y contribuërai de toutes mes forces ; j'arrêterai le progrès de vos erreurs, afin de vous épargner le plus de torts que je pourrai : voilà ma charge. A l'égard de ces critiques qui ne sont que des expressions méprisantes, & qui, sans autre examen, se terminent à dire cruëment d'un ouvrage, *cela ne vaut rien*, *cela est détestable* : nous serons bientôt d'accord là-dessus, & je vous ferai convenir sur le champ, que ces sortes de raisonnemens à leur tour, ne valent rien, & sont détestables : qu'un habile homme, après avoir lû un livre, peut bien dire ; *il ne me plait pas* ; mais, ne décidera jamais qu'il est mauvais, qu'après avoir comparé ses idées à celles des autres ; à moins que tout homme éclairé qu'il est, vous ne lui supposiez une audace, une présomption qui tient ses lumieres en échec, & qui, pour l'ordinaire, est la marque d'un esprit borné ou mal reglé : car, plus on a d'esprit, plus on voit de choses ; & pour lors on démêle, on apperçoit tant de sentimens differens, tant de goûts qui peuvent combattre ou balancer le nôtre, qu'avant que d'avoir pezé le plus ou moins de valeur qu'ils ont tous, on est bien long à se prouver, qu'en tout sens, ce qui ne nous plaît pas, ne doit raisonnablement plaire à personne.

Ah ! que nous irions loin ! qu'il naitroit de beaux ouvrages ! si la plûpart des gens d'esprit qui en sont les Juges, tâtonnoient un peu, avant que de dire, *cela est mauvais*, ou *cela est bon* ; mais ils lisent ; & en premier lieu, l'Auteur est-il de leurs amis : n'en est-il pas ? Est-il de leur opinion en general sur la façon dont il faut avoir de l'esprit ? Est-ce un Ancien ? Est-ce un Moderne ? Quels gens hante-t'il? sa Societé croit-elle les Anciens des Dieux, ne les croit-elle que des hommes?

Voilà par où l'on débute, pour lire un livre. On lit après; & que lit-on? sont-ce les idées positives de l'Auteur? non, il n'y a plus moyen, son nom, son âge & sa secte, les ont métamorphosées, toutes gâtées d'avance, ou toutes embellies.

On ne sçauroit s'imaginer le droit que ces bagatelles-là ont sur l'esprit humain, ni toute la corruption de goût dont elles le penetrent, ni toute l'industrie machinale qu'elles lui donnent, pour se falsifier à lui-même ce qui lui passera devant les yeux; pour diminüer, augmenter, arrêter, détourner le plaisir, ou le dégoût des sentimens qu'il reçoit.

Après cela, on porte son jugement, parce qu'il faut qu'un homme d'esprit juge; ne fust-ce que pour mettre son orgueil en possession du respect que ses amis auront pour ce qu'il pense; & qu'enfin il est comptable, à l'attente où ils sont, d'une décision quelconque.

On lui ſera peut-être des objections de bon ſens quand il aura prononcé ; mais, voilà qui eſt fait ; il a jugé : dût ſon ſentiment pervertir le goût de tout le genre humain ; ſe doutât-il, malgré lui ; qu'il s'eſt trompé : plutôt que de ſe dédire, il armera ſon eſprit contre ſon eſprit même : il confondra ſes lumieres par ſes lumieres mêmes ; il s'irritera de voir clair après coup, & parviendra à ſe perſuader qu'il ne voit rien ; tout cela, pour ſe conſerver de bon droit l'honneur d'avoir tout vû d'abord ; car notre amour propre eſt inconcevable ; il ne veut joüir que d'une gloire legitime ; il eſt d'un ſcrupule infini là-deſſus ; & ce même amour propre ſi ſcrupuleux, quand il ſoupçonne qu'il ne la mérite pas, ce n'eſt pas de ſa gloire dont il ſe défait, c'eſt du ſoupçon de l'avoir mal acquiſe, moyennant quoi le voilà plein de quiétude, & tout auſſi fier qu'il aime à l'être.

Cependant, le jugement qu'on a porté, va ſon train, ſert de regle à je ne ſçai combien de genies naiſſans, qui s'y conforment, qui ſouffrent pour s'y conformer, & qui ne ſont rien qui vaille.

Je crois pour moi, qu'à l'exception de quelques genies ſuperieurs, qui n'ont pû être maitriſés, & que leur propre force a préſervé de toute mauvaiſe dépendance; je crois, dis-je, qu'en tout ſiecle, la plûpart des Auteurs nous ont moins laiſſé leur propre façon d'imaginer, que la pure imitation de certain goût d'eſprit que quelques Critiques de leurs amis avoient décidé le meilleur; ainſi, nous avons très-rarement le portrait de l'eſprit humain dans ſa figure naturelle: on ne nous le peint, que dans un état de contorſion; il ne va point ſon pas, pour ainſi dire; il a toûjours une marche d'emprunt qui le détourne de ſes voyes, & qui le jette dans des routes ſtériles, à tout moment coupées, où il ne trouve de quoi ſe fournir qu'avec un travail pénible. S'il alloit ſon droit chemin, il n'auroit d'autre ſoin à prendre, que de développer ſes penſées; au lieu qu'en se détournant, il faut qu'il les compose, les assujettisse à un certain ordre incompatible avec son feu, & qui écarte l'arrangement naturel qu'ameneroit une vive attention sur elles.

Est-ce là l'esprit, après cela? non; nous ne voyons point là ce qu'il est; mais bien, ce que des égards pour des sentimens inconsiderés, le font devenir.

Combien croit-on, par exemple, qu'il y ait d'Ecrivains qui, de peur de mériter le reproche de n'être pas naturels, font justement tout ce qu'il faut pour ne pas l'être? d'autres, qui se rendent fades, de crainte qu'on ne leur dise qu'ils courent après l'esprit, car courir après l'esprit, & n'être point naturel, voilà les reproches à la mode.

Mais, dira-t'on, il faut pourtant des Critiques; oui, sans doute il en faut? mais je voudrois des critiques qui pussent corriger, & non pas gâter, qui réformassent ce qu'il y auroit de défectueux dans le caractere d'esprit d'un Auteur, & qui ne lui fissent pas quitter ce caractere; mais il faudroit aussi pour cela, s'il étoit possible, que la malice, ou l'inimitié des partis n'altérât pas les lumieres de la plûpart des hommes; ne leur dérobât pas l'honneur de se juger équitablement, n'employât pas toute leur attention à s'humilier les uns les autres; à déshonorer ce que leurs talens peuvent avoir d'heureux; à se ruiner réciproquement dans l'esprit du Public; de façon que sur leur rapport, vous lecteur, vous méprisez souvent des ouvrages que vous estimeriez, ou, si vous les avez lûs, je gagerois bien que les endroits, où l'Auteur a pensé le mieux, vous ont paru les plus mauvais, par la raison qu'ils vous ont fait plus d'impression que le reste, & que disposé comme vous étiez, cette impression a dû vous choquer au même degré qu'elle vous auroit plû.

Ne vous a-t'on pas dit que cet Ecrivain couroit après l'esprit? n'étoit point naturel? Eh bien! n'avez-vous pas senti qu'on avoit raiſon? le moyen de n'en pas convenir! en le liſant, vous avez trouvé un genie doüé d'une pénétration profonde; d'une vûë fine & délice, d'un ſentiment nourri partout, d'un goût de reflexion phyloſophique; avec ce genie-là, avec un naturel ſi riche, & ſi ſuperieur, on eſt pardeſſus le marché, neceſſairement ſingulier, & d'un ſingulier très-rare; cela eſt donc clair: il n'eſt point naturel; il court après l'eſprit.

Voilà comme on vous duppe, lecteur, voilà les ſurpriſes qu'on fait au Public, & comment on peut fruſtrer les talens les plus eſtimables, des éloges qui leur ſont dûs.

Quand je ſonge à cette critique, ſurtout à celle de courir après l'eſprit, je la trouve la choſe du monde la plus comique; tant j'ai de plaiſir à me repreſenter la commodité dont elle eſt à tous ceux qu'elle diſpenſe heureuſement d'avoir de l'eſprit, & qui ne l'attraperoient point, quand ils courroient après; & en effet, il y a bien des ouvrages qui ne ſubſiſtent que par le défaut d'eſprit, & leur platitude fait croire à certains Lecteurs, qu'ils ſont écrits d'une maniere naturelle : au ſurplus, pourvû qu'on adore *Homere*, *Virgile*, *Anacreon*, *&c.* on peut avoir de l'eſprit, tant qu'on pourra ; les amateurs des Anciens ne vous le reprocheront pas, & je connois des Ecrivains ruſés, qui ont dix fois plus d'eſprit qu'il n'en faudroit pour être perſecutés, ſi la Religion dont ils font profeſſion pour les Anciens, ne les ſauvoit.

Je diſois l'autre jour à un de mes amis à qui les reproches dont j'ai parlé, ſont ordinaires ; ſçavez-vous bien ce que chez certaines gens, ſignifient ces mots, *ils courent après l'eſprit.*

Comment ! Meſſieurs les Modernes, petits marmouſets ! vous prétendez valoir & ſurpaſſer des Auteurs qui ſont en *grec* & en *latin*, & que j'étudie depuis vingt ans ! Si le monde alloit vous en croire, que deviendrois-je, moi, qu'on aſſocie au reſpect qu'on leur rend ? faudra-t'il me réduire à l'affront de vous admirer, vous, avec qui je vis tous les jours? Oh! il y a bonne justice, & moyennant ce que nous allons dire, la plûpart de ceux qui vous liront, & à qui notre querelle n'importe en rien, se voyant appuyés, seront bien aises de disserter cavalierement sur votre compte, d'oser secoüer la tête, & d'avoir des dégoûts en vous lisant : ils s'imagineront gagner à ce qu'ils vous feront perdre; car voilà l'homme, & en effet, ils auront raison de vous trouver mauvais. De bonne foi! je sens que vous l'êtes ; eh fi ! vous cherchez à briller dans vos ouvrages, vous voulez être spirituels ; vous n'y êtes point ; ce n'est point là la nature ; vous courez après l'esprit.

C'est là à peu près, dis-je à mon ami, ce que veulent dire certaines gens, en tenant les discours que vous teniez tout-à-l'heure. Les Auteurs plats leur servent de troupes auxiliaires, & voici ce que ceux-là disent à leur tour, ou du moins, ce que chacun d'eux pense.

Ces gens, contre qui on crie, me chagrinoient ; il me falloit tous les jours aller aux expediens, pour ne me pas douter que je valois moins qu'eux, & j'entends qu'on dit qu'ils ne ſont pas naturels, qu'ils courent après l'eſprit ; ma foi ! cela eſt vrai, & bien trouvé ; & grace au ciel, me voilà meilleur qu'eux ! oui, Meſſieurs ! liſez-moi ; vous verrez un homme qui penſe ſimplement, raiſonnablement, qui va ſon grand chemin, qui ne pétille point, & voilà le bon eſprit.

Je crois que mes Lecteurs voudront bien me paſſer mes gayetés ſur ce chapitre-là. Je me jouë des hommes en general, & je n'attaque perſonne ; je parois aujourd'hui n'apoſtropher que les amateurs des Anciens ; un de ces jours, les Modernes auront leur tour ; je m'y engage, & je promets que leur article vaudra bien celui-ci ; car je ne ſuis d'aucun parti : *Anciens & Modernes*, tout m'eſt indifferent : le temps auquel un Auteur a vêcu, ne lui nuit ni ne lui ſert auprès de moi. J'adopte ſeulement, le plus qu'il m'eſt poſſible, les uſages & les mœurs, & le goût

goût de ſon ſiecle, & la forme que cela fait ou faiſoit prendre à l'eſprit; après quoi, je vais mon train. Si c'eſt une Traduction du grec, & qu'elle m'ennuye, je panche à croire que l'Auteur y a perdu; ſi c'eſt du latin: comme je le ſçais, je me livre ſans façon au dégoût, ou au plaiſir qu'il me donne; bien entendu, que c'eſt dans les choſes que j'entens parfaitement, & qui n'ont pas beſoin de l'Hiſtoire particuliere du temps; & l'on auroit beau me dire, cela ne vaut rien, ou cela eſt excellent, on ne me donne de diſpoſition ni pour ni contre; je lis le livre, & le jugement que j'en forme, m'appartient à moi, à mes lumieres ſûres ou non ſûres, ſort pur de toute prévention, & eſt à moi, tout comme ſi j'étois ſeul au monde; & il ſeroit à ſouhaiter que nous fuſſions tous de même. Les Anciens avoient plus d'eſprit que nous: nous avons plus d'eſprit que les Anciens: voilà les vrayes cauſes de la corruption du goût, s'il vient à ſe corrompre.

Eſt-ce le genie des Auteurs Grecs

qu'il faut que ce jeune homme imite? non, leurs idées ont une sorte de simplicité noble qui naît du caractere des actions qui se passoient alors, & du genre de vie qu'on menoit de leur temps. Ils avoient, pour ainsi dire, tout un autre Univers que nous : le commerce que les hommes avoient ensemble alors, ne nous paroît aujourd'hui qu'un apprentissage de celui qu'ils ont eu depuis, & qu'ils peuvent avoir en bien & en mal. Ils avoient, mêmes vices, mêmes passions, mêmes ridicules, même fond d'orgüeil ou d'élevation ; mais tout cela étoit moins déployé, ou l'étoit differemment. Je ne sçai lequel des deux c'est. Quoiqu'il en soit, l'homme de ce temps-là est étranger pour l'homme d'aujourd'hui, & en nous supposant, comme nous sommes, c'est-à-dire, en étudiant le goût de nos sentimens aujourd'hui ; il est certain qu'on verra que nous avons des Auteurs admirables pour nous, & qui le seront à l'avenir pour tous ceux qui pourront se mettre au vrai point de vûë de notre siecle.

Eh bien! un jeune homme doit-il être le copiste de la façon de faire de ces Auteurs? non, cette façon a, je ne sçai quel caractere ingenieux & fin, dont l'imitation litterale ne fera de lui qu'un singe, & l'obligera de courir vraiment après l'esprit, l'empêchera d'être naturel: ainsi, que ce jeune homme n'imite, ni l'ingenieux, ni le fin, ni le noble d'aucun Auteur ancien ou moderne, parce que, ou ses organes l'assujettissent à une autre sorte de fin, d'ingenieux & de noble, ou qu'enfin cet ingenieux & ce fin qu'il voudroit imiter, ne l'est dans ses Auteurs, qu'en supposant le caractere des moeurs qu'ils ont peint: qu'il se nourrisse seulement l'esprit de tout ce qu'il leur sent de bon, & qu'il abandonne après, cet esprit, à son geste naturel: qu'on me passe ce terme qui me paroît bien expliquer ce que je veux dire; car on a mis aujourd'hui les Lecteurs sur un ton si plaisant, qu'il faut toûjours s'excuser, auprès d'eux, d'oser exprimer vivement ce que l'on pense ; mais il me semble qu'il y a longtems que j'écris ; & si je ne finissois la matiere me meneroit trop loin.

HUITIÈME FEUILLE.

DANS ma derniere Feüille, je jettai quelques idées au hazard sur les critiques que l'on fait aujourd'hui de la plûpart des ouvrages d'esprit, & sur la corruption de goût que peuvent entraîner ces critiques, qui partent moins du bon sens, que de l'inimitié des partis, & des préventions jalouses où l'on est aujourd'hui les uns contre les autres.

Mais, comme je ne traitai pas la chose d'une façon méthodique, & que je pris mes réflexions, comme elles venoient, je pourrai bien, un des cejours, argumenter dans les formes, & prouver qu'écrire naturellement, qu'être naturel, n'est pas écrire dans le goût de tel Ancien, ni de tel Moderne; n'est pas se mouler sur personne quant à la forme de ses idées ; mais au-contraire, se ressembler fidelement à soi-même, & ne point se départir ni du tour, ni du caractere d'idées pour qui la Nature nous a donné vocation : qu'en un mot, penser naturellement, c'est rester dans la singularité d'esprit qui nous est échûë, & qu'ainsi que chaque visage a sa physionomie, chaque esprit aussi, porte une difference qui lui est propre : que la correction qu'il faut apporter à l'esprit, n'est pas de l'arracher à cette difference ; mais seulement de purger cette même difference du vice qui peut en gâter les graces ; de lui ôter ce qu'elle peut avoir de trop crû ; & de lui procurer ce qu'il arrive aux physionomies les plus singulieres qui ne changent point ; mais qui, par le commerce que les hommes ont ensemble, contractent, je ne sai quoi de liant qui les mitige, nous apprivoise avec elles, & nous rend par là, leur singularité agréable, ou du moins curieuse ; & qu'enfin, lorsqu'il a paru un beau genie dans certain genre, il n'est pas raisonnable de le proposer autrement aux autres, que comme un genie qui peut servir à exciter les forces du leur, & non pas, comme un modele sur lequel il faille calquer sa façon de penser pour être habile homme; & qu'il est absurde de dire d'un homme qui a travaillé dans le même genre, qu'il a mal réüssi, parce qu'il n'aura pas travaillé dans le même goût; que c'est tout comme si l'on disoit à toutes les femmes aimables... n'entreprenez pas d'être guaye, ou d'être tendre; on se moqueroit de vous; car vous n'avez ni la couleur, ni les traits de Madame une telle, dont les gayetés, & la tendresse, ont tant réüssi, & ce n'est précisément qu'avec cette couleur & ces traits, qu'on peut inspirer de la joye ou de l'amour d'une certaine sorte, hors de laquelle nous ne voulons ni aimer ni nous réjoüir.

Par cette fantaisie là, il n'y auroit peut être point de femme dont le visage ne fût mis au rebut; mais heureusement pour nous, & pour la plus belle moitié du monde, la diversité là-dessus, n'a point de travers d'esprit à craindre de notre part; la Nature nous l'a trop bien recommandée; & de ce côté-là, nous nous prêtons docilement aux aimables varietés que cette Nature nous presente.

Pourquoi donc les rebutons-nous dans les productions d'esprit, & tâchons-nous de les décrier? Seroit-ce qu'il est mortifiant d'avoüer le plaisir que nous font les ouvrages des autres? Est-ce que nous ne voulons ni les estimer, ni qu'on les estime? Que le talent d'Auteur traine après lui de petitesses!

J'adresse ceci à tous ceux qui se mêlent de belles lettres; en un mot, aux deux partis qui regnent aujourd'hui, & qui ont, chacun, leur formule de critique, & chacun, leurs Partisans, & leurs Eleves qui sont les duppes des deux partis.

A l'égard de ces duppes, ils peuvent ne plus l'être, quand ils voudront; & cela, sans qu'il leur en coûte aucun examen fatiguant.

Voulez-vous sçavoir ceux à qui

d'entre les deux partis, vous devez le plus d'estime? La recette est sûre: écoutez les Auteurs eux-mêmes: remarquez bien ceux qu'ils prennent à tâche de décrier, contre lesquels ils employent le plus de raisonnement & de dissertation; ceux, contre qui leur critique ou leur mépris, mord avec le plus d'emportement; & cet emportement, tâchez de le démêler, tout masqué qu'il sera quelque fois d'un air de discretion ou d'indifference jalouse; souvent même, vous verrez attaquer les gens d'une maniere oblique; on les accablera sous le nom d'un tiers qu'on supposera entiché de leur doctrine, sans compter mille autres petites rubriques d'inimitié qu'on employera pour leur ruine.

Encore une fois, remarquez-bien ceux que cela regarde, & voilà qui est fait: tenez-les à votre tour pour d'habiles gens: vous venez de les entendre loüer; car, dans la profession, on ne se louë pas autrement. Oui! toutes les injures qu'on leur a faites, sont vraiment autant d'éloges

loges dont vous ferez l'estimation, au dégré de venin & de subtilité que portent ces injures mêmes;& croyez ce que je vous dis, comme vous croyez au produit d'une somme calculée dans la derniere exactitude.

Nous avous beau dissimuler le merite qui nous blesse ; nous avons beau l'attaquer, il a cet avantage sur notre malice, qu'elle ne peut se sauver d'en faire l'aveu. Ouy! il en faut venir là de bonne ou de mauvaise grace; le reconnoître avec une franchise genereuse, ou lui rendre hommage par les marques honteuses de notre jalousie.

De tous les mensonges, le plus difficile à bien faire, c'est celui par qui nous voulons feindre d'ignorer une verité glorieuse à nos Rivaux : notre amour propre, avec toute sa souplesse, est alors défaillant en ce point, qu'il ne peut dans ses fourberies se déprendre de la passion qui l'agite : cette passion le suit; il ne peut se l'assujettir, ni la soustraire : elle est empreinte dans tout ce qu'il nous fait dire : on la voit, & cela trahit sa malice, & l'en punit.

J'ai une preuve toute recente de ce que je dis. Je suis à la campagne & hier je rendis visite à une Dame assez jolie & d'un assez bon air. Je ne la connoissois pas encore, & des amis communs m'avoient mené chez elle.

Dans la conversation, on vint à parler d'une autre Dame voisine de celle chez qui j'étois, & que je devois voir aussi le lendemain pour la premiere fois... C'est une fort-aimable femme, dit alors quelqu'un de la compagnie : à cela, pas un mot de réponse de la part de la Dame qui étoit presente ; mais en revanche, question subite faite à propos de rien, sur le tems que j'avois envie de passer à la campagne.

Bon, dis-je en moi-même ! bon ! pour la Dame dont on a parlé, elle est aimable ; c'est un fait, & peut-être plus aimable que celle à qui je parle (qui ne l'étoit pourtant pas mal :) ce peut être que je formois, se convertit bien-tôt en certitude.

Quelqu'un reprit le discours sur la Dame dont le silence de l'autre avoit ébauché l'éloge, & dit : on m'assûroit, l'autre jour, que son mary étoit jaloux, & il est vrai qu'on peut l'être à moins. . . . Lui jaloux ! répondit-elle alors ; c'est un conte que cela. Madame . . . . . est d'une conduite si sage que cette foiblesse-là ne seroit pas pardonnable à son mary ; & d'ailleurs, c'est une femme qui a beaucoup d'agrément, il est vrai ; mais n'avez-vous pas remarqué qu'elle est d'une physionomie extremement triste ? . . . il me semble que non, reprit un de mes amis ; peut-être que je me trompe, dit-elle encore ; mais comme elle n'a gueres de teint, qu'elle a je ne sçai quoi d'un peu rude dans les yeux . . Elle ! gueres de teint, & du rude dans les yeux, répondit alors un de ces Messieurs en s'écriant ! je lui ai toûjours trouvé les yeux vifs ; & la derniere fois que nous la vîmes, elle étoit plus vermeille qu'une rose . . . Bon ! repartit-elle, le Ciel la preserve d'être toûjours vermeille à ce prix là, la pauvre femme! elle avoit une migraine affreuse; voilà, Monsieur, d'où lui venoit ce beau teint: non, non, assûrément, le teint n'est pas ce qu'elle a de plus beau, & pour l'ordinaire elle est pâle, aussi est-elle d'une santé assez infirme: je ne connois point de femme plus sujette aux fluxions, que celle-là, cela lui a même gâté les dents qu'elle avoit assez belles: Ecoutez! elle n'est plus dans cette grande jeunesse au moins, elle se soûtient pourtant assez bien.

Une visite qui arriva, rompit le cours d'une satyre qui rendoit une femme triste, parce qu'elle étoit modeste, convertissoit la vivacité de se yeux en rudesse, ne lui souffroit un beau teint, qu'en consequence d'une migraine; lui remplissoit la tête de fluxions pour lui gâter les dents, & la faisoit infirme, pour la vieillir; Satyre en un mot, qui, en trois ou quatre traits enveloppés dans un air perfide de bienveillance, barboüilloit tous les appas de la Dame en question, ruinoit ses dents, sa santé, ſa jeuneſſe, ſon teint, & le feu de ſes yeux.

Pour moi, ſur ce portrait-là, je m'attendis à voir une femme charmante ; car tant de fiel qu'on venoit de répandre ſur elle, ne pouvoit tirer ſa ſource, que d'une jalouſie douloureuſement ſenſible & allumée par de grandes cauſes.

De ſorte qu'impatient de verifier là-deſſus mes conjectures, je courus le lendemain chez cette femme triſte, pâle, infirme, & âgée. Je ne m'étois pas trompé, je la trouvai telle que je l'avois compriſe ſous les expreſſions dont on s'étoit ſervi contre elle; je vis en un mot que j'avois très-ſçavament entendu la langue que parle l'amour propre dans une jolie femme qui en peint une belle.

Cette femme à phyſionomie triſte, me parut avoir un air ſage : ſa pâleur étoit une blancheur mêlée d'un incarnat doux & repoſé ; ſes yeux rudes jettoient des regards vifs & impoſans. A l'égard de ſon air infirme, on pouvoit le juſtifier, par je ne ſçai quoi de mignard, de tendre, & de languiſſant, répandu dans ſa figure : au reſte, je remarquai que cette Dame crachoit aſſez ſouvent & ce fut à cela que j'attribuai l'idée des fluxions qui lui gâtoient les dents : pour ſon défaut de jeuneſſe, je le trouvai, moitié dans beaucoup d'embonpoint, & moitié dans la ſimplicité de ſes ajuſtemens.

A vous dire le vrai, il n'appartient qu'à l'amour propre piqué, d'appercevoir les rapports éloignés que tant d'avantage pouvoient avoir avec les défauts qu'on m'avoit annoncés.

Oh ! voyons à preſent comment s'exprime l'amour propre d'une belle femme, ſur le compte d'une autre perſonne qui n'a que des agrémens ſubalternes.

Après les complimens requis dans cette viſite, cette Dame-ci me demanda ſi j'avois vû l'autre : ouy, Madame, lui répondis-je !... Eh bien ! Monſieur, qu'en dites-vous, réprit-elle, ſans me donner le tems d'en dire davantage ? Eſtes-vous du goût de tout le monde ? Vous plaitelle ? & n'ai-je pas là une jolie voisine ? je vous avouë que c'est ma beauté.

Quelle croyez-vous que fut mon idée, en l'entendant parler sur ce ton là ? Que si je n'eusse pas déja vû l'autre, j'aurois deviné là-dessus qu'elle portoit un visage inferieur à celle-ci.

Eh bien nos deux femmes, & les *Auteurs* entr'eux, c'est tout un ; & pour mieux dire, je crois qu'on peut juger tous les hommes en general sur la même regle.

Volontiers loüons-nous les gens qui ne nous valent pas ; rarement ne censurons-nous pas ceux qui valent mieux que nous ; ainsi nous ne loüons le merite d'autrui, presque que pour sousentendre la superiorité du nôtre ; & quand nous le blâmons, c'est la douleur de le sentir superieur au nôtre, qui nous échape. Mais je laisse là les querelles des Auteurs, & les reflexions qu'ils me font faire.

Avant que de finir cette Feüille, je ne puis m'empêcher de dire un mot d'un Livre que je lisois ce matin,

& qui eſt intitulé *les Lettres Perſannes*, dont je n'ai encore lû que quelques-unes ; & par celles-là, je juge que l'Auteur eſt un homme de beaucoup d'eſprit ; mais entre les ſujets hardis qu'il ſe choiſit, & ſur leſquels il me paroît le plus briller ; le ſujet qui réüſſit le mieux à l'ingenieuſe vivacité de ſes idées, c'eſt celui de la *Religion*, & des choſes qui ont rapport à elle. Je voudrois qu'un eſprit auſſi fin que le ſien, eût ſenti qu'il n'y a pas un ſi grand merite à donner du *joli* & du *neuf* ſur de pareilles matieres, & que tout homme, qui les traite avec quelque liberté, peut s'y montrer ſpirituel à peu de frais ; non que parmi les choſes ſur leſquelles il ſe donne un peu carriere, il n'y en ait d'excellentes en tout ſens, & que même celles où il ſe joüe le plus, ne puiſſent recevoir une interpretation utile ; car enfin, dans tout cela, je ne vois qu'un homme d'eſprit qui badine ; mais qui ne ſonge pas aſſez, qu'en ſe joüant, il engage quelquefois un peu trop la gravité reſpectable de ces matieres : il faut là-dessus menager l'esprit de l'homme qui tient foiblement à ses devoirs, & ne les croit presque plus nécessaires, dès qu'on les lui presente d'une façon peu serieuse.

L'Auteur, par exemple, blâme les Loix de l'Europe, contre ceux qui se tuent eux-mêmes : il les appelle injustes & furieuses ; il veut qu'on laisse à l'homme le droit de sortir de la vie quand elle lui est à charge : il dit que cet homme, en se défaisant, ne fait que changer les modifications de sa matiere, & rendre quarrée, une boule que les loix de la création avoient fait ronde.

De l'air décisif dont il parle, on croiroit presque qu'il est entré de moitié dans le secret de cette même création : on croiroit qu'il croit ce qu'il dit, pendant qu'il ne le dit, que parce qu'il se plaît à produire une idée hardie.

Quoiqu'il en soit, je crois que j'acheverai son Livre avec autant de plaisir que je l'ai commencé. Je reserve pour la Feüille suivante l'avanture d'une Demoiselle dont on me rendit l'autre jour un paquet, qui contient des lettres qu'elle m'adresse, dont l'une est pour son Amant, l'autre pour son pere, & l'autre pour moi. Je les produirai toutes trois.

NEUVIE'ME FEUILLE.

J'Ay parlé dans ma derniere Feuille de trois Lettres, qu'une jeune Demoiselle, qui m'est inconnuë, m'envoya, il y a quelques jours. Elle souhaite que je les rende publiques; & de mon côté, je la remercie du plaisir qu'elle me fait, en s'adressant à moi pour ce petit service. J'exhorte les personnes que deux de ces lettres regardent, à les lire avec attention quand je les donnerai: je ne leur demande que cela, persuadé qu'elles produiront l'effet que cette Infortunée en attend.

Je vais commencer par celle qu'elle m'écrit: elle y fait un détail de l'avanture qui l'a conduite au malheur dont elle gemit aujourd'hui. Cette avanture employera peut-être toute cette Feuille-ci ; mais je ne puis faire autrement, & dans quinze jours on aura le reste.

MONSIEUR,

» La lecture de quelques-unes de » vos Feuilles, me persuade que » vous avez le cœur bon, & qu'une » personne aussi malheureuse que je » le suis, n'aura pas de peine à vous » interesser pour elle. Le secours, » dont j'ai besoin de votre part, est » que vous produisiez la Lettre que » je vous écris, & les deux autres » que vous voyez ici ; votre com- » passion ensuite joindra à cela les » reflexions qu'elle jugera les plus » capables d'inspirer quelques sen- » timens d'honneur à un homme qui » m'a jettée dans l'opprobre, & » quelques retours de tendresse à un » pere dont je faisois il y a quelques » mois les délices, & dont je fais au- » jourd'hui la honte & le désespoir. » Quelle chute affreuse ! il y a moins

» de distance de la mort à la vie, » que de l'état où je suis, à la situa» tion où j'étois.

» Qu'est devenu ce temps où j'é» tois vertueuse? où j'étois estimée, » autant que cherie? que d'avanta» ges j'ai perdus! & quelles hor» reurs ont pris leur place? en quel» qu'endroit que tu sois, séducteur » de mon innocence, homme per» fide, que j'ai cru l'honneur-mê» me? tu le sçais, & ta conscience » te le reprochera toûjours: quel» que grand qu'ait été mon amour » pour toi, ce n'est point par lui que » tu m'as vaincuë; ce n'est point » d'une fille follement amoureuse » dont tu te joües aujourd'hui. Fûs» tu le plus lâche de tous les hom» mes, tu te souviendras que tu » dois tout à l'estime infinie que j'a» vois pour toi? non perfide! ce » n'étoit point de la satisfaction de » mon amour que j'étois jalouse; » c'étoit du plaisir de te donner des » marques de ma confiance; & tu » l'as trahie cette confiance que tu » m'as demandée, mille fois plus

» respectable & plus obligeante pour » toi, que ma tendresse même! tu » m'offris ta foi; je la reçûs; j'aurois » crû t'outrager en la refusant. Dis- » moi! as-tu pû te résoudre à ne » pas mériter un procedé si noble & » si franc? peux-tu durer? peux-tu » vivre avec l'idée que je suis dé- » trompée sur ton caractere? peux- » tu, sans être penetré de confusion, » te representer l'étonnement mor- » tel où je suis? songes à ces sen- » timens dont je t'honorois, dont » ma vertu se faisoit même une obli- » gation de t'honorer! & ces senti- » mens si glorieux pour toi, com- » pares-les dans le fond de ton ame, » à ceux à qui tu laisses aujourd'hui » la mienne en proye! ces parens, » ces amis, qui me méprisent à pré- » sent; s'ils avoient lû dans mon » cœur, si les motifs de ma conduite » avec toi, leur étoient connus, » comme ils te le sont, trouveroient- » t'ils que mon malheur eût d'autre » source qu'une crédulité genereu- » se? parles! que verroient-ils? qu'- » une Infortunée vrayement esti-

» mable, dans une fille dont ta lâ-
» cheté leur fait une Indigne. He-
» las! Je n'ai d'autre tort, que de
» n'avoir pas rencontré un honnête
» homme.

» Pardon, Monsieur; mon afflic-
» tion me distrait de ce que je dois
» vous dire : apprenez mon avan-
» ture : Celui, qui me l'a renduë si
» funeste, la lira peut-être : peut-
„ être il en sera touché? que vous
„ dirai-je? je voudrois qu'il se re-
„ pentit; & je le voudrois pour lui,
„ comme pour moi-même. Puis-je,
„ après l'avoir tant aimé, ne pas
„ m'affliger de le voir sans honneur?
„ Non! je l'avouë : je ne sçaurois
„ m'empêcher, dans ma douleur,
„ de confondre sa honte avec la
„ mienne. Tel qu'il est, il a part à
„ mes pleurs : que sçais je? il y a
„ quelquefois plus de part que moi-
„ même.

„ Ma mere, qui est morte depuis
„ huit mois; à qui le Ciel a voulu,
„ sans doute, épargner la désola-
„ tion où je l'aurois mise, si elle avoit
„ été témoin de mon état; ma mere,

„ que ma reconnoissance pour l'é-
„ ducation vertueuse qu'elle m'a
„ donnée ; cette mere si tendre, que
„ mon amour, que mon respect pour
„ sa mémoire, vange dans le fond
„ de mon cœur d'un affront qu'elle
„ ne ressent pas ; ma mere dont le
„ nom seul me confond, m'avoit
„ menée à la campagne chez une
„ Dame de nos amis, qui alloit,
„ disoit-on, marier sa fille au fils d'un
„ de ses voisins.

„ Je ne connoissois encore ni la
„ Demoiselle, ni le jeune homme en
„ question : je trouvai l'une digne de
„ l'attachement du plus galand hom-
„ me ; & l'autre . . . . helas ! je le crus
„ bien different de ce qu'il se montre
„ aujourd'hui.

„ Jamais physionomie ne garantit
„ tant de candeur, n'offrit tant de
„ graces mèlées avec tant d'appa-
„ rence de probité.

„ Un jour, à l'écart, je felicitois sa
„ maitresse qui étoit déja devenuë
„ mon amie, du bonheur que la
„ fortune sembloit lui reserver.

„ Mais, qu'elle fut ma surprise ?

„ quand cette fille, que je croyois „ devoir être si contente, me dit „ alors... j'estime Monsieur *** il „ est aimable ; & si je voulois un „ Mari, je lui donnerois la preferen- „ ce sur tous les hommes que je con- „ nois ; mais, ma chere, avec tout „ cela, je ne l'épouserai point, „ soyez-en bien persuadée : je ne „ puis vous en dire d'avantage, je „ craindrois que votre amitié pour „ moi, ne vous fit réveler le reste de „ mon secret à ma mere : mes des- „ seins lui sont aussi inconnus qu'à „ vous ; je ne puis m'en assûrer l'exe- „ cution, qu'en les taisant ; & de- „ main vous serez mieux instruite.

„ Tout ce qui me reste à vous dire, „ c'est que je vous aime : & je vou- „ drois que l'époux qu'on m'avoit „ destiné, devint le vôtre : je lui crois „ le caractere aussi aimable que la „ figure ; j'en ai même quelque preu- „ ve. Dès que je sçûs ce que nos pa- „ rens avoient résolu de faire de „ nous, je lui parus plus serieuse „ qu'à l'ordinaire ; je tâchai par de „ frequentes marques d'indifferen- ce

„ ce, de le dégoûter d'un mariage
„ que je ne voulois pas accomplir,
„ & que ce peu d'agremens qu'il
„ voyoit en moi, pouvoit pourtant
„ lui rendre ſouhaitable. Je m'atten-
„ dis de ſa part à quelques plaintes
„ qui auroient amené de la mienne
„ une entiere explication de mes
„ ſentimens; mais il ne me dit rien,
„ & ſe conforma ſans murmure, à
„ mes manieres.

„ J'en fus étonnée : je craignis
„ (par vanité peut-être) que cet
„ air ſi tranquille ne vînt du dépit
„ de me voir tant de froideur; je
„ craignis même que ce dépit ne
„ vînt d'un peu d'amour dont je
„ voulois arrêter le progrès.

„ Dans cette penſée, je lui deman-
„ dai ſans façon s'il m'aimoit, & je
„ le priai de me répondre là-deſſus
„ ſans détours.

Puiſque vous m'ordonnez de vous parler avec verité, me dit-il, Mademoiſelle : *voici ce que je penſe.*

Toute politeſſe à part, je n'ai rien vû de ſi aimable que vous : tout ce qui peut rendre charmante, vous l'avez avec profusion; mais je vous l'avouë; jusqu'ici mes yeux ont plus remarqué cela, que mon cœur, parce que j'ai toûjours été frapé de je ne sçai quoi de grave que vous avez dans l'esprit; d'un certain caractere de reserve qui est en vous, qui m'intimide, & me fait pencher au respect plus qu'à l'amour. On va nous marier ensemble, & je ne me donnerois pas le moindre mouvement pour l'empêcher; car je ne crains point ce moment-là; je l'attens gayement, mais sans impatience. Voilà mon cœur à découvert : de votre côté, si vous m'encouragiez un peu, je vous aimerois sans doute, j'en suis sûr, sans en avoir d'autre preuve; que la liberté d'esprit où je me trouve.

„ C'en est assez, Monsieur, *lui* „ *répondis-je alors*; gardez-vous de „ m'en dire d'avantage; ma resolu- „ tion est prise depuis long-tems; je „ ne veux point vous encourager à „ m'aimer, parce que je ne veux „ aimer personne; mais, après ce „ que vous venez de me dire, je vous „ avouë à mon tour, que sans cette

„ resolution dont je vous parle, „ vous auriez bientôt de l'inclination pour moi, s'il dépendoit de „ moi de vous en donner : mais ne „ songeons plus à cela ni l'un ni „ l'autre. Jusqu'à present nous voilà, „ grace au Ciel, en état de prendre „ tous deux notre parti sans peine : „ laissons nos parens dans l'idée „ qu'ils ont de nous unir ; vivons, „ comme de coûtume ensemble ; je „ me charge du soin de rompre leur „ projet quand il en sera tems.

„ Ce jeune homme, *ajoûta cette* „ *fille*, en continuant, m'écouta „ paisiblement ; & me quittant en„ suite : „ puisque votre cœur ne doit être à personne, *me dit-il*, je ferai bien de rompre une conversation que j'ai, ce me semble, écoutée avec une attention dont je me deffie : j'en agirai avec vous à mon ordinaire ; suivez vos desseins, & ne m'en parlez plus, je vous en prie.

Je ne vous ferai point, Monsieur, le détail de tous les discours que nous tinmes mon amie & moi. Après qu'elle eut achevé son recit, sa mere l'appella quelques momens après : elle ſe retira, & moi, je reſtai dans une allée du Jardin où nous nous étions promenées ; mais j'y reſtai toute émeuë, & comme une perſonne à qui l'on vient d'apprendre une nouvelle qui la remplit d'eſperance & de crainte. Je m'interreſſois à tout ce qu'on m'avoit dit, ſans pouvoir encore démêler pourquoi : il me ſembloit que c'étoit de moi dont nous avions parlé ; que c'étoit ſur moi que rouloit toute l'avanture. Je faiſois des reflexions que je condamnois par d'autres ; je ne ſçavois quel parti prendre ; je m'imaginois que je devois me déterminer à quelque choſe ; & je voyois que j'avois tort de me l'imaginer ; je reconnoiſſois mon trouble, & je n'en ſortois point ; j'en avois peur, & je le rappellois. Cet homme, qui n'avoit point d'amour pour mon amie, l'aveu ſincere qu'il en avoit fait, cette amie qui méditoit elle-même un deſſein ; qui ſouhaitoit que ſon amant vînt à m'aimer, qui me diſoit qu'il étoit aimable, & qui me le persuadoit; je ne sçais combien de petites remarques qui venoient alors s'offrir en foule à mon esprit; les regards de ce jeune homme que je me ressouvenois d'avoir souvent surpris sur moi; ceux que j'avois à mon tour jettés sur lui; les motifs que je donnois aux siens; la confusion où j'étois de ce qu'il avoit pû lire dans les miens; de simples paroles, des actions que je ne pouvois m'empêcher d'interpreter de sa part, que j'avois cruës innocentes de la mienne, & qui ne me le paroissoient plus; je voyois dans tout cela des presages qui menaçoient mon cœur d'un accident qui m'attachoit, & que je ne pouvois m'expliquer: j'y voyois une fatalité, ou plûtôt je voulois l'y voir; je m'égarois dans un cahos de mouvemens où je m'abandonnois avec douceur, & pourtant avec peine.

Telle étoit mon agitation, quand retournant dans une autre allée, je recontrai tout à coup cet objet encore confus de mes pensées, ce jeune homme dont j'étois si occupée.

Je demeurai presque immobile à sa vûë, je le sentis aimable ; je rougis en le sentant ; & cependant, mon amour alors me parut moins naître que continuer.

Il m'aborda de son côté d'une façon si interdite, que je vis qu'il m'aimoit aussi, & que même il m'aimoit depuis qu'il m'avoit vûë : je ne doutai pas qu'il ne fût dans un trouble égal au mien ; qu'il ne pensât comme moi ; qu'il n'eût mes mouvemens, mes reflexions : qu'enfin il ne fût pour moi, ce que j'étois pour lui, & par une bizarrerie surprenante, tout cela se trouva vrai.

Son embarras me frapa ; le mien l'intimida, parce qu'il le comprit : une intelligence mutuelle nous donna la clef de nos cœurs ; nous nous dîmes que nous nous aimions, avant que d'avoir parlé, & nous en fûmes tous deux si étonnés, que nous nous hâtames de nous quitter pour nous remettre.

J'interromps ici la suite de cette histoire, dont le reste ne peut se partager. Je viens de recevoir un billet d'un de mes amis, par qui je vais finir ma Feuille. C'est une gayeté dont j'espere que tous mes lecteurs voudront bien rire.

Comme je suis dans l'habitude de vous rendre compte de tout ce qui m'arrive, je vous dirai, mon cher ami, qu'il me tomba, l'autre jour, entre les mains une Feuille grecque de la *divine Iliade*. O Dieux! dans quel état la vis-je? *un Grec en seroit mort subitement*: mais le Ciel qui conduit tout, n'a pas voulu qu'il en coûtat la vie à personne; & l'avanture a raté sur moi qui, par bonheur, suis un ignorant. Imaginez-vous donc que la Feuille de l'homme divin avoit servi à enveloper des denrées d'Epicier, elle en portoit encore les marques. Je ne m'en étonnai pas; car je la ramassai à la porte de l'Epicier même, & je jugeai tout d'un coup que cette Relique du Parnasse ne pouvoit être tombée chez un Moderne plus *irréligieux*. N'allez pas divulguer cette affaire; cela rüineroit, je ne sçais combien de ces sortes de Marchands qui fournissent quantité de *devots d'Homere*. Pour moi, qui, comme vous sçavez, me tiens neutre sur tout culte litteraire, je n'ai fait ni bien ni mal au lambeau grec; j'en ai vû le caractere; je l'ai remis sagement où je l'avois trouvé, souhaitant que le sort ne conduisit là nul passant de l'observance d'Homere, (sentiment de charité qui ne nuit pas à la neutralité) & je me suis retiré en essuyant mes doigts qu'il avoit un peu salis. Mandez-moi, si je me suis bien comporté; j'atens votre réponse, & je reserve pour une autrefois à vous raconter une nouvelle avanture qui regarde nos Modernes. Je suis, &c.

DIXIE'ME FEUILLE.

JE me souviens qu'un jour, dans une promenade publique, je liai conversation avec un homme qui m'étoit inconnu. L'air pesant & taciturne que je lui trouvois, ne me promettoit pas un entretien fort amusant

amuſant de ſa part : il éternua ; je lui répondis par un coup de chapeau : voilà par où nous débutâmes enſemble. Après cela, vinrent quelques diſcours vagues, ſur la chaleur, ſur le beſoin de pluye, & d'autres queſtions, qui n'étoient qu'une façon de ſe dire avec bonté l'un à l'autre : *je n'oublie pas que vous êtes-là.*

Là-deſſus, entre pluſieurs Dames qui paſſoient, j'en remarquai une qui, dans ſon air & dans ſa phyſionomie, annonçoit, je ne ſçai quoi de ſi enjoué, une coquetterie ſi folâtre, ſi bruyante, que je ne pûs m'enpêcher de ſourire en jettant mes yeux ſur elle, & de dire : *voici une Dame qui doit être de bonne compagnie !*

Je la connois fort, me répondit d'un ton nonchalant mon Camarade, (effectivement ils s'étoient ſalués.) Elle fait la paſſion de bien des gens, ajouta-t'il, & ſon mari en eſt très jaloux ; il a toûjours peur qu'elle ne vienne elle même a aimer qu'elqu'un de ceux qui l'aiment ;

mais il n'y a rien à craindre ; elle est trop folle.

Comment ! trop folle, dis-je alors ? un homme ne peut-il lui paroitre aimable ? n'a-t'elle pas des yeux & des oreilles ? oüi, Monsieur, reprit-il froidement ! mais une femme de ce caractere-là, n'acheve jamais, ni de vous bien voir, ni de vous entendre, & vous n'avez pas le tems de lui plaire autant qu'il le faudroit pour lui faire impression. Pourquoi cela, répondis-je assez surpris de son discours ? pourquoi, dit-il ? c'est qu'une mouche vole & vous croise : de la mouche, elle passe à un miroir qui se presente ; de là, à sa cornette ; puis à un ruban, puis à autre chose : mais vous la ratraperez peut-être, dis-je alors ? oüi-dà, me répondit-il ! elle pourra revenir à vous par distraction ; & vous recommencez ! mais elle n'y est déja plus, votre habit vous l'a dérobée : & quand vous lui direz qu'elle est charmante, elle vous répondra que la couleur en est de bon goût.

Cependant, repris-je encore, ces

femmes là veulent vous plaire : non, Monſieur, me dit-il, ce n'eſt ni à vous, ni à perſonne qu'elles veulent plaire ; c'eſt à tout le monde, & à tout le monde aſſemblé : voilà leur Amant, celui qu'elles écoutent, & qu'elles aiment : cet objet-là les fixe ; elles ne le perdent point de vûë : il embraſſe, il réunit toutes leurs diſtractions ; car elles ne le quittent à droite, que pour le reprendre à gauche : ce qu'un côté de l'objet perd avec elles, un autre côté le gagne.

Mais vous aviſez-vous de vous iſoler ? ſortez-vous de la foule ; vous n'êtes plus pour elles que le ſujet, tout au plus de deux ou trois diſtractions, vous, votre habit ou vos galons, ſur une centaine qu'elles auront neceſſairement dans une heure ; ainſi, il faut bien que leur eſprit ſe fourniſſe du reſte ailleurs. Oh ! vous m'avourez qu'il eſt difficile de ſurprendre le cœur d'une femme qui ne vous prête ſes yeux & ſes oreilles, qu'une minutte, & je dis trop peut-être.

Mon homme s'arrêta-là, & je regardois avec étonnement cette physionomie qui, de pesante que je l'avois vûë d'abord, s'étoit insensiblement dégagée pendant qu'il parloit, & qui redevint épaisse, dès qu'il eut achevé.

Ah! ah! dis-je alors à moi-même, en apostrophant son esprit; il ne tiendra pas à moi que tu ne sortes plus d'une fois de ta coquille. J'allois en effet imaginer quelque chose pour cela, quand le hazard fit encore passer des Dames, parmi lesquelles j'en saluai une de ma connoissance.

J'aimerois mieux cette Dame-ci, que l'autre, me dit-il; il y a plus de majesté dans sa taille, & la douceur de sa physionomie m'enchante : c'est, lui répondis-je, une des plus estimables filles de Paris; sa beauté est son moindre trait; je ne connois point de caractere plus distingué, d'humeur plus égale, d'esprit plus sage, & personne n'a dans le cœur plus de noblesse de sentiment qu'elle en a. Un esprit sage & de la noblesse dans les sentimens, me répondit-il tout d'un coup! Oh! pour celle-là, je pardonne au mari qui en ſera jaloux. Vous me ſurprenez, comment l'entendez-vous donc, lui dis-je ? vous voulez qu'on ait tort d'être jaloux d'une femme coquette & diſſipée, & vous approuvez preſque qu'on le ſoit d'une femme ſage & vertueuſe.

Eh ! oüi, Monſieur, repartit-il, je vous le repete ; vous ne ſçauriez croire combien un Amant tendre, ſoûmis, & reſpectueux, ſympatiſe avec une femme ſage & vertueuſe. La paſſion de cet Amant eſt elle-même ſi douce, ſi noble, ſi genereuſe, qu'elle reſſemble à une vertu ? elle en a la figure, & vous voyez bien qu'une vertu en apprivoiſe aiſément une autre.

Mais, répondis-je ; quoi que vous puiſſiez dire ; l'amour ſe déclare ; une femme vertueuſe le reconnoit, & lui impoſe ſilence. Oüi, dit-il, elle lui impoſe ſilence, bien moins parce qu'elle le haït, que parce qu'elle s'eſt fait un principe de le haïr & de le craindre. Elle lui réſiſte donc. Cela eſt dans les regles ; mais en résistant, elle entre insensiblement dans un goût d'avanture; elle se complait dans les sentimens vertueux qu'elle oppose; ils lui font, comme une espece de Roman noble, qui l'attache, & dont elle aime à être l'Heroïne. Cependant un Amant demande pardon d'avoir parlé: en le demandant, il recommence; bientôt elle excuse son amour, comme innocent; ensuite elle le plaint comme malheureux; elle l'écoute comme flateur; elle l'admire, comme genereux: elle l'exhorte à la vertu; & en l'y exhortant, elle engage la sienne. Elle n'en a plus; mais dans cet état, il lui reste encore le plaisir d'en regretter noblement la perte; elle va gemir avec élevation; la dignité de ses remords va la consoler de sa chute: il est vrai qu'elle est coupable; mais elle l'est du moins avec décence, moyennant le ceremonial des pleurs qu'elle en verse; sa foiblesse même s'augmente des reproches honoraires qu'elle s'en fait. Tout ce qu'elle eut de sentiment pour la vertu, passe au profit de sa passion ; & enfin il n'est point d'égaremens dont elle ne soit capable avec un cœur de la trempe du sien, avec un cœur noble & vertueux. Ainsi croyez-moi, Monsieur, une femme, comme celle-là, quand on lui parle d'amour, n'a point d'autre parti à prendre que de fuir. La poursuit-on ? qu'elle éclate ? si elle s'amuse à se scandaliser tout bas du compliment qu'on lui fait, l'air soûmis d'un Amant la gagne ; son ton penetré la blesse, & je la garantis perduë quinze jours après ; mais il me semble qu'il se fait tard, ajouta-t'il après ces mots ; d'ailleurs je crois que nous aurons de l'orage, & nous ferons sagement de nous retirer.

Il se leva la-dessus, & me quitta, en me souhaitant le bon soir. Je le conduisis des yeux, tout aussi loin que je le pus, & depuis ce tems-là, j'ai toûjours été sur le *qui vive* avec les physionomies massives.

La Demoiselle, dont je vais achever de produire l'Histoire, m'a rapelé les discours de cet homme. Comme elle me paroît avoir cette trempe de cœur ſenſible dont il a parlé, j'ai raporté ce qu'il en penſoit, & pour ſon inſtruction dans la ſuite, & pour l'inſtruction de toutes les femmes de ſon caractere.

C'eſt maintenant cette Demoiſelle qui parle, & qui rend compte de ce qu'il arriva, quand elle eut quitté cet Amant qui ne s'étoit pas encore déclaré de vive voix.

„ J'évitai, *dit-elle*, dans le reſte de „ la journée, de me trouver ſeule „ avec lui, & je ne ſçai pourquoi „ je l'évitai; car j'aurois été bien „ aiſe que l'occaſion de me parler ſe „ fût trouvée, malgré moi. Je crus „ m'apercevoir qu'il m'obſervoit „ tendrement, pendant que nous „ étions en compagnie, & il vit bien „ que je m'empêchois de l'obſerver „ à mon tour.

„ Le lendemain, j'étois à peine „ levée, quand j'entendis beaucoup „ de bruit dans la maiſon; je deſcen- „ dis pour ſçavoir ce que c'étoit, „ j'entrai dans la ſale où je vis Ma- „ dame *** entourée de pluſieurs „ amis, entre leſquels étoient ma

„ mere & mon Amant. Elle pleuroit, „ & tenoit une lettre dans ſa main, „ dont la vûë lui arrachoit des cris. „ Voyez, Mademoiſelle, voyez ce „ que m'écrit ma fille, me dit-elle, „ d'auſſi loin qu'elle me vit : liſez ce „ qu'elle eſt devenuë; voyez comme „ elle me traite ; elle eſt partie ce „ matin à ſix heures, pour ſe rendre „ aux *Carmelites*. Je m'étois deffiée „ de ſon deſſein ; mais je n'y ſon- „ geois plus : elle me donne un coup „ de poignard ; elle ſera contente, „ & j'en mourrai.

„ Je pris la lettre, & je la lus, les „ larmes aux yeux, preſque trou- „ blée, & même, autant qu'il m'en „ ſouvient, ſaiſie de frayeur, en „ comparant l'état que mon amie „ embraſſoit, à celui dans lequel je „ reſtois : il me ſembloit qu'elle me „ remetroit ſa condition ; qu'elle en „ choiſiſſoit une meilleure, & qu'elle „ me laiſſoit la pire. Il me paſſa mille „ triſtes idées dans l'imagination ; „ j'eus des preſentimens de malheur; „ il me prit une envie ſecrette de „ ſuivre mon amie ; en la pleurant, je

„ me pleurois moi-même ; j'envions „ son sort, & je craignois le mien.
„ Au milieu de ces mouvemens „ inquiets, je jettai la vûë sur mon „ Amant, qui de son côté, me lança „ un regard si tendre, si supliant, que „ je lui répondis par un soûpir que „ rien ne gêna, de la naïveté duquel „ je le vis rougir lui-même, & dont „ je ne connus l'indiscretion que sur „ son visage.
„ Je me retirai alors, sous pretexte „ de chagrin, & j'entrois dans le „ Jardin, quand tout à coup, je me „ sentis embrasser les genoux. C'é„ toit lui, & ce fut-là sa premiere „ declaration d'amour. Juste Ciel! „ que ne me dit-il pas ? quel fond „ d'inclination ne se developpa-t'il „ pas pour lui dans mon cœur ? mes „ larmes coulerent avec abondance; „ ainsi mon amour a commencé par „ des pleurs, & il finit de même. „ Je lui avoüai mon penchant, je „ l'en vis penetré de plaisir & de „ reconnoissance : j'abrege, je serois „ trop longue.
„ Nous revînmes à Paris, & quel-

„ que tems après, il ſongeoit à me „ faire demander à mon pere quand „ le ſien mourut.

„ Cette mort changea la face de „ ſes affaires, il lui ſurvint un procès, „ qui intereſſoit la plus grande partie „ de ſon bien; il remit donc ſa de- „ mande, contre mon ſentiment. Si „ votre pere me refuſe, que ferez- „ vous, me dit-il? je n'épouſerai „ perſonne, lui répondis-je, j'irai „ vivre avec mon amie, ſoyez-en ſûr.

„ Cependant, ſon procès dura „ long-tems; il tourna mal; il fut ſur „ le point de le perdre: je l'en vis au „ deſeſpoir; la promeſſe que je lui „ faiſois de n'être jamais qu'à lui, ou „ de n'être à perſonne, ne le ſatisfai- „ ſoit plus. Je vais être rüiné, diſoit- „ il. Votre pere me refuſera; vous „ irez dans un couvent, c'eſt toû- „ jours vous perdre, & je veux mou- „ rir. Mes pleurs, & les aſſûrances de „ mon amour toûjours nouvelles, & „ toûjours vives, le calmoient quel- „ que fois; ſes chagrins le repre- „ noient enſuite. Je ſouffrois de le „ voir ſi affligé; ſes inquietudes al-

„ teroient sa santé ; il tomba malade ;
„ il guerit de sa maladie, & non de
„ sa tristesse. Ah ! s'il étoit mort, je
„ serois peut-être moins à plaindre.
„ Ne croyez pas me dit-il, un
„ jour, que je puisse durer davantage
„ avec la crainte de n'être pas à
„ vous. M'aimez-vous ? m'estimez-
„ vous ? voulez-vous que je vive ?
„ devenez mon Epouse ; il ne nous
„ reste que ce moyen pour faire
„ cesser l'obstacle que met à notre
„ mariage, le peu de bien qui me
„ va rester après la perte de mon
„ procès. Juste Ciel ! ou vous em-
„ portez-vous, lui dis-je ? y songez-
„ vous ? ah ! s'écria-t'il, sans me
„ donner le tems d'en dire davan-
„ tage. Un homme dont vous vous
„ défiez, n'est plus digne de vous :
„ ses sanglots l'interrompirent ; il me
„ fit pitié. Malheur à qui se trouve
„ dans de pareils momens ! il me vit
„ touchée. Helas ! il m'a bien punie
„ d'en avoir crû ses sermens ; voilà
„ tout, & vous sçavez, Monsieur,
„ ce que je vous demande.

Voici maintenant la lettre que

cette Demoiselle addresse à son Amant.

Ne pouvant vous parler, ni faire passer de Lettre jusqu'à vous, puisque je ne sçai où vous êtes, je vous addresse ce billet-ci dans une des Feüilles du Spectateur *que vous lisez peut-être.*

„ Je suis cette malheureuse qui vous „ fut si chere, à qui vous le fûtes „ tant vous-même, à qui vous l'êtes „ encore, toute déshonorée qu'elle „ est par vous. Je suis cette déplora- „ ble fille sans réputation, sans hon- „ neur aux yeux de tout le monde; „ & dans cet état pourtant, plus „ respectable pour vous, qu'avant „ ma honte, & ma misere, dont vous „ êtes l'Auteur. Je suis celle avec „ qui il vous falut feindre d'être si es- „ timable, pour pouvoir ensuite être „ si perfide; celle, qui, pour vous „ convaincre qu'elle vous croyoit „ honnête homme, vous mit, comme „ vous le vouliez, en état de man- „ quer d'honneur, & celle qui s'est „ vûë trompée, pour avoir voulu „ vous convaincre qu'elle ne crai- „ gnoit pas de l'être: Enfin, je suis

„ cette Epouse à qui vous niez la foi „ que vous lui avez donnée, parce „ qu'elle n'en a que le Ciel pour té- „ moin, parce que vous pouvez la „ nier devant les hommes, parce „ qu'elle n'est pas revêtuë de for- „ malités qui ne la rendroient ni plus „ sainte, ni plus legitime, & dont le „ défaut tourne plus à la honte du „ miserable qui s'en prévaut, qu'à „ la confusion de l'infortunée qui „ les a negligées dans sa tendresse. „ Quoi! des formalités, qui ne „ sont necessaires, disiez-vous, „ qu'avec des scelerats dont il faut „ prévoir la noirceur, & gêner la per- „ fidie; qui étonnent par leurs ser- „ mens, & qui les font terribles, „ pour rendre le parjure incroyable! „ & je péris pourtant, pour n'avoir „ pas pris avec vous les précautions „ qu'il faut prendre avec les scele- „ rats. Quelle affreuse avanture que „ la mienne! Je croyois honorer la „ probité, & je n'ai satisfait qu'un „ *traître*. Cette injure m'est échap- „ pée; elle m'accable; vous méritez „ bien que je vous la fasse. Mais

„ méritois-je moi, la douleur que je „ sens à vous la faire? mon amour „ devoit-il devenir ce qu'il est au„ jourd'hui? je me vois dans l'infa„ mie; c'est vous qui m'y jettez: „ vous me faites horreur, & je vous „ aime. Avec ce mêlange affreux de „ sentimens, ne vous fais-je pas un „ peu de pitié? non! la punition „ des plus grands crimes n'est point „ comparable aux maux que je „ souffre; mais je n'en puis plus; je „ finis; vous sçavez l'état où je suis. „ Quand je vous eus perduë de vûë, „ penetrée de douleur, je vous „ écrivis une lettre que mon pere „ surprit sur ma table, & qui l'ins„ truisit de la situation où je me „ trouvois. Quelques amis qui se „ trouverent au logis, me sauverent „ de sa fureur qui éclata; & je sortis „ dans ce moment même, sans sça„ voir où j'allois. Deux heures „ après, fatiguée d'avoir marché; „ accablée de langueur; attendrie „ sur moi-même, j'entrai chez une „ femme que je touchai par le recit „ que je lui fis de mon malheur;

„ elle me garde encore chez elle. „ Elle n'est pas riche, mais elle est „ charitable; je n'y ferai pas long- „ tems; je suis mourante, & il n'y „ a pas d'apparence que j'arrive à „ mon terme, si je vis assez pour „ mettre au jour un enfant qui n'a „ que le Ciel pour garant de ce que „ vous lui devez à lui & à sa mere. „ S'il me survit lui-même, vengez- „ moi par le soin que vous en aurez, „ de l'état où vous m'aurez laissé „ mourir & que son éducation soit „ le fruit de vos remords. Voilà tout „ ce que je vous demande: daignez „ me marquer que vous me l'accor- „ dez, par un billet que vous rendrez „ à une femme qui vous connoît & „ qui ira vous parler le 25. de ce „ mois aux *Carmes du Luxembourg à neuf heures du matin: adieu.*

Dans la Feuille suivante on verra la Lettre qu'elle écrit à son pere, „ & que je ne puis donner ici.

Onziéme

ONZIE'ME FEUILLE

QUelques-uns de mes Lecteurs s'ennuïeront sans doute, de voir trois feüilles de suite, rouler sur le même sujet; mais les interêts de la Demoiselle en question, le demandent, & tout ami que je suis moi-même de la varieté, je ne la soutiendrai jamais aux dépens des services que je pourrai rendre dans mes Feüilles. Il vaut mieux remettre vingt curieux, que de faire attendre une personne qui a besoin de secours.

Mais, que dis-je, une personne! que de filles peut-être sont aujourd'hui sur le bord du précipice où elle est tombée! mille sûretés imaginaires les rassûrent contre le peril qu'il y a d'avancer; un reste de vertu les retient encore; mais en pareil cas, c'est bien peu de chose que la vertu, quand on ne voit point de risque à la perdre, & qu'on ne craint que la honte de n'en avoir plus.

L'exemple que je leur propoſe, va, pour ainſi dire, éclairer toute l'horreur de l'abime que la paſſion leur cache : elles verront ce que devient une fille qui confie ſon honneur à des ſermens amoureux ; ce que devient le cœur d'un Amant ſatisfait ; les funeſtes révolutions qui s'y paſſent, ou plûtôt ſon épouventable metamorphoſe.

Je me ſouviens là deſſus, que dans le cours de mes voïages, un Polonois me raconta, que dans ſon Païs, une Demoiſelle nommée *Eleonor*, de grande condition, & maîtreſſe d'elle, aimoit un jeune Seigneur, qui de ſon côté, en étoit éperduëment amoureux.

Ils étoient près de ſe marier, quand un évenement imprevû les empêcha de conclure leur mariage.

Miſki (c'étoit le nom du jeune Seigneur) fut au deſeſpoir de l'obſtacle qui differoit ſon bonheur. *Eleonor* n'en ſoupira pas moins que lui, quoiqu'elle en ſoupirât plus diſcretement. S'aimer autant qu'ils s'aimoient ; ſe voir tous les jours, &

ne répondre de leurs actions à personne, ce n'étoit pas là de quoi moderer l'impatience qu'ils avoient de s'unir ensemble.

Cependant l'obstacle ne cessoit point ; leur amour s'augmentoit, ils souffroient de se voir, & ne pouvoient se perdre de vûë. Il n'y avoit pas moïen de se marier secretement ; il falloit des témoins, & leur indiscretion étoit à craindre.

Quoi ! dit un jour *Mirski* ; je ne puis donc être heureux ? Eh ! quand le serai-je, ma chere Eleonor ? dites, quand serez-vous à moi ? quand verrons-nous la fin des difficultés qui nous arrêtent ? Après celles-ci n'en reviendra-t'il plus ? eh ! qui le sçait ? nous attendions-nous à celles qui nous gênent ? Notre amour peut donc être le joüet éternel du hazard. Eh ! pourquoi l'en faisons-nous dépendre ? qu'a de commun ce hazard avec nos sentimens ? Vous m'aimez, n'est-il pas vrai ? je vous adore ; vous connoissez le fond de mon ame ; vous faites tout mon bien : je suis dites-vous tout le vôtre. Voilà votre main, voilà la mienne : joignons-les, & nous ſommes Epoux. L'uſage veut que nous aïons des témoins : eh ! n'avons-nous pas nos deux cœurs ? où trouverez-vous des témoins plus reſpectables & plus ſûrs ? un monde entier de garants vaudroit-il pour vous plus que moi, qui vous donne ma foi ? vaudroit-il plus que vous qui la recevez ?

Oüi, Mirski ! repondit Eleonor, un peu confuſe ; oüi, je me fierois à vous, & je crois qu'il eſt inutile de vous le dire. Ce n'eſt pas votre amour qui feroit ma confiance : non vous, n'auriez pas beſoin de m'aimer pour être honnête homme ; mais ſongez-vous à ce que vous demandez, à ce que je ſuis ? on nous a preſcrit certains devoirs ; & quoique je puſſe en toute ſûreté m'en affranchir avec vous, je les ſçais, & vous ne les ignorez pas : ce ſeroit toûjours m'en affranchir ; & les marques de mon eſtime pour vous, ſeroient auſſi des marques de hardieſſe.

Mirski ne répondit à ce diſcours,

que par des ſoupirs & par des larmes. Eleonor l'aimoit trop pour le laiſſer ſi malheureux. Ne vous affligez point, lui dit-elle ; mon cœur eſt auſſi triſte que le vôtre ; je ne refuſe point abſolument la foi que vous m'offrez ; je ne vous promets point non plus de la recevoir ; ſouffrez que j'y penſe.

Nos Amans ſe quitterent alors. Eleonor demeurée ſeule, ſe vit en proïe à la ſituation d'eſprit la plus inquiete. Ce que lui propoſoit Mirski, l'épouvantoit ; elle rougiſſoit en y penſant ; elle ſe laiſſoit entraîner au plaiſir d'y penſer. Agitée d'amour & de crainte, elle ſe perdoit dans ſes émotions, ne reflechiſſoit à rien, ne ſentoit rien de diſtinct dans ſon ame, qu'une douceur dangereuſe dont elle n'oſoit joüir, & dont elle joüiſſoit malgré elle.

C'en étoit fait ; Eleonor eût cedé, ſans doute, à ſon amour ; car le peu de reflexions raiſonnables que fait une fille dans ces momens là, n'aboutit à rien ; ce n'eſt jamais qu'une façon plus honnête de ſe rendre.

Mais elle avoit une Confidente; c'étoit *Fatime*, Demoiſelle âgée, qui l'avoit élevée, dont elle avoit ſouvent éprouvé la prudence, & pour qui elle n'avoit rien de caché. Cette fille entra dans ſa chambre, & s'aperçut du trouble où elle étoit; elle lui en demanda la cauſe; Eleonor lui ouvrit ſon cœur, lui en avoüa la foibleſſe, & s'excuſa ſur la neceſſité de s'aſſûrer Miriski, ſur l'apparente impoſſibilité de l'épouſer autrement, & ſur le peu de danger qu'il y avoit à ſe fier à un homme de ſon caractere.

Fatime fremit des diſpoſitions de ſa maîreſſe, & cependant diſſimula ſon étonnement : elle faiſoit bien. Les paſſions ſont farouches; il faut les ménager d'abord, leur preſenter, pour ainſi dire, un viſage ami, & gagner ainſi leur confiance, pour les mieux combattre.

Madame, repondit-elle à *Eleonor*; votre ſituation eſt fâcheuſe; vous ne pouvez épouſer Mirski avec éclat, ni prendre d'autre témoin que moi, d'une union ſecrete avec lui, & mon témoignage ne seroit rien : ainsi, dans la conjoncture presente, vous n'avez de ressource que sa bonne foi ; vous êtes persuadée de sa probité ; je le suis aussi, mais sans vous en défier, tâchez d'en être plus sûre. L'estime que vous avez pour Mirski, n'est encore digne ni de vous ni de lui : elle n'est pas assez éclairée; peut-être l'estimeriez-vous moins, si vous ne l'aimiez pas tant : prenez-y garde, Madame : lui-même, un jour, pourroit s'imaginer que vous auriez été trop vîte : il diroit que votre estime fut temeraire, & cela inquieteroit la sienne. Epargnez lui ce scrupule sur votre compte : conduisez-vous de façon, que sa vertu n'ait rien à reprocher à la vôtre : sauvez-vous enfin de l'affront d'être un jour crûë plus tendre que sage, & ne laissez rien à faire aux reflexions à venir de votre Epoux, qui ne vous fasse honneur.

Qu'on ne se scandalise pas icy de l'expedient que va donner Fatime, il n'est pas chrétien, je ne l'approuve point, & ce n'est qu'un histoire que je raporte.

Voicy donc le parti qu'il faut prendre, ajouta-t'elle : vous avez chez vous une jeune esclave qui a de l'esprit, & dont le son de voix est le même que le vôtre ; nous nous y méprenons tous les jours. Feignez de consentir à ce que Mirski vous propose, mais de ne vouloir accepter sa foi que la nuit : la jeune esclave tiendra votre place, Mirski s'y trompera dans les tenebres, & la croira son Epouse : vous le laisserez quelque temps dans l'erreur ; son amour pourra se ralentir : mais n'importe, ce ne sera pas sur votre compte, & si, malgré ce ralentissement qui ne vous regardera pas ; si malgré l'obstacle qui arrête aujourd'hui votre mariage, il consent encore de vous donner la main avec éclat, comme vous feindrez de le souhaiter ; pour lors, Madame, acceptez en secret sa foi : je ne vous en détournerai plus, il vous sera permis de vous y fier, & votre confiance sera plus rasonnable.

Mais, répondit Eleonor, que dira Mirski que j'aurai trompé ? ne se plaindra-

plaindra-t'il pas de l'injuſtice de mes ſoupçons ? Eh! Madame, ne vous en mettez point en peine, dit Fatime : les preuves de prudence ou de vertu, que donne une fille, n'ont jamais rien gâté dans le cœur d'un homme. Mirski ſe plaindra de vous, & vous en aimera davantage. Eleonor ſe rendit : Fatime charmée de la voir dans cette reſolution, voulut l'y affermir par un exemple de la perfidie des Amans. Tous les hommes, lui dit-elle, n'ont pas autant de probité que Mirski en aura ſans doute. Le fils de votre Ecuïer, Madame, ne veut pas aujourd'hui reconnoître pour ſa femme une fille qui s'eſt perduë par un excès d'eſtime pour lui : permettez que je le faſſe appeller ; ſon procedé vous irrite, mais contraignez-vous, vous ſçaurez ſes raiſons.

On envoïa chercher ce jeune homme, *Viniеſcho*, lui dit Fatime, quand il entra, je parlois de vous à Madame : votre avanture avec votre maîtreſſe lui paroît plaiſante, mais elle ſeroit bien aiſe de vous l'entendre raconter à vous-même. Ce n'eſt qu'une bagatelle qui ne merite pas la curioſité de Madame, répondit-il; c'eſt une fille que j'aimois, qui diſoit qu'elle m'aimoit, & que j'ai preſſée de m'en donner des preuves : elle l'a fait, & à preſent j'en ſuis fâché, car elle eſt dans un embarras dont je ne ſçaurois la tirer. Que ne l'épouſez-vous, dit Eleonor d'un air riant? moi! Madame, reprit-il, il faudroit que je fuſſe bien méchant pour devenir ſon époux; c'eſt par amitié que je refuſe de l'être, c'eſt par reconnoiſſance : je lui épargne un malheur, je la tromperois, je ne l'aime plus, & vous ſçavez qu'un mari doit aimer ſa femme, & l'eſtimer, qui pis eſt. Comment, Vinieſcho ! la mépriſeriez-vous aujourd'hui, dit Eleonor? que le Ciel m'en préſerve, Madame, repartit-t'il: je ferai toûjours cas d'elle, pourvû qu'elle appartienne à un autre; mais mon eſtime n'eſt pas de celle qu'il faut porter à ſon épouſe en mariage; elle ne ſoûtiendroit jamais l'épreuve du nœud conjugal; elle eſt aujourd'hui d'un temperamment trop délicat, je la perdrois, & ſans cette eſtime, on eſt de trop mauvaiſe humeur avec ſa Compagne: mais, répondit Eleonor, votre maîtreſſe eſt bien à plaindre, vous la laiſſez ſans honneur, vous lui avez donné votre foi, & vous la puniſſez de vous avoir crû vertueux.

Je lui ai donné ma foy, j'en conviens, Madame, reprit-il, & je lui en aurois donné mille, ſi je les avois euës: Un homme amoureux eſt-il reſponſable des ſermens qu'il fait? peut-il s'empêcher de les faire? eſt-il ſon maître? a-t'il de la raiſon? Si dans un tranſport au cerveau, j'avois juré de me tuer, au ſortir de là, ſerois-je obligé de tenir parole? Eh bien! l'amour eſt un tranſport, on ne ſçait ce qu'on dit quand on aime. Promettre à une fille de l'épouſer, ſi elle ſe fie à vous, n'eſt-ce pas lui promettre une impertinence? n'eſt-ce pas lui dire, je m'engage à vous prendre pour épouſe, quand vous ne le meriterez plus? pourquoi donc s'y fie-t'elle ? c'est, dit-on, qu'elle vous croit honnête homme : ce n'est pas cela, c'est qu'elle a aussi le transport au cerveau, c'est qu'elle vous aime, & qu'elle prend pour conviction de votre probité, l'envie qu'elle a de vous mettre à l'épreuve. Eh ! sans cela, Madame, comment expliquer sa complaisance ? mille exemples lui crient de tous côtés : soïez sage ! les sermens qu'on vous fait, ne valent rien, ils sont sans consequence : votre prétendu mari ne les tiendra pas, & ne sera pourtant point parjure. Malgré cela elle continuë, & cela est fâcheux ; mais du malheur qui lui en arrive, un Amant n'en est pas coupable, il n'en est que cause innocente. Quand il revient de là, c'est un homme qui se reveille, & qui voit aussi-tôt disparoître toutes les illusions qu'il a rêvées dans son amour. Il ne sçait où sont passés ces sentimens si tendres : il se retrouve avec un cœur froid, nonchalant, épuisé : cette maîtresse si aimable n'est plus ; il ne voit plus à sa place qu'une fille imprudente dont la preſence l'ennuie, dont les ſollicitations l'importunent, dont la tendreſſe lui eſt à charge, & qui parle un langage qu'il n'entend plus. Elle eſt encore folle, il ſe trouve libre, elle le pourſuit? il eſt naturel qu'il la laiſſe là.

Eleonor alors ne put retenir ou la honte, ou l'horreur qu'elle ſentit à ce diſcours. Retirez vous, lui dit-elle, lâche que vous êtes, & ne vous preſentez jamais devant moi.

Viniefcho ſortit en pâliſſant. Juſte Ciel! s'écria Eleonor, que viens-je d'entendre? quel monſtre que cet homme là! ah Mirski! pardonnez-moi les frayeurs qui me ſaiſiſſent. Fatime, je m'abandonne à votre conduite; je ſuis dans une conſternation dont je ne ſçais pas la cauſe.

Eleonor, après ces mots, ne fit plus que ſoûpirer. Mirski revint: tout ſe paſſa à ſon égard, comme on l'avoit projetté. Son amour s'accrut d'abord: il fut violent les premiers jours, enſuite il baiſſa: enfin Mirski diſparut tout à fait, & un mois après, on apprit qu'il étoit marié à une autre. Il sçut la verité de son avanture. Eleonor eut soin de l'en faire instruire, & l'on dit que cet Infidele en mourut de douleur, après avoir langui quelque tems : & voilà ce que c'est que l'homme : mais achevons l'histoire de la Demoiselle, à l'occasion de qui je viens de faire ce recit, & finissons par la lettre qu'elle écrit à son pere.

» Mon très-cher pere, je n'ai peut- » être pas long-tems à vivre, & je » vous ai offensé. J'ai trahi la ten- » dresse que vous aviez pour moi, » j'ai porté le poignard dans votre » cœur ; j'ai deshonoré celui qui m'a » donné la vie ; je l'ai fait repentir de » me l'avoir donnée ; j'ai rendu le » jour où je suis née, un jour de ma- » lediction pour lui : enfin, mon pere, „ je suis aujourd'hui votre malheur, „ votre desespoir & votre opprobre : » voilà toute la recompense de votre » amour & de vos soins. Cepen- » dant, toute coupable que je me » suis renduë, toute indigne que je » suis d'aucun soulagement, je n'ai » pû, malade & presque mourante,

» me refuſer le ſeul bien qui me reſte;
» c'eſt de me jetter à vos genoux, de
» vous demander pardon, de vous
» montrer mon repentir, & de vous
» dire, que de tous les malheurs où
» je ſuis plongée, de toutes les dou-
» leurs que j'éprouve, rien ne me
„ penetre tant, que l'injure que j'ai
„ faite à un ſi bon pere, & que la
„ deſolation où je vous ſçais. Dans
„ votre juſte reſſentiment, vous
„ voulûtes vous venger de moy,
„ quand je me ſauvai de votre mai-
„ ſon. Helas! mon pere, je ne ſuis
„ pas échapée à votre vengeance,
„ j'ai porté avec moi le reſſouvenir
„ terrible de tout ce que je vous
„ dois, je n'ai point oublié combien
„ vous m'aimiez, & j'oſe vous aſſû-
„ rer, tout irrité que vous êtes, que
„ vous auriez pitié de ce que je
„ ſouffre, en vous regardant, & que
„ vous êtes vengé au de là de ce
„ qu'un cœur comme le vôtre, au-
„ roit voulu l'être. Mes larmes & ma
„ foibleſſe, ne me laiſſent pas la
„ liberté d'en dire davantage, & je
„ ne merite pas la conſolation que

„ je me donne en vous apprenant „ mon affliction : je ne vous demande „ rien pour moi : tant que je vivrai, „ je dois vous être un objet d'horreur? mais que votre misericorde „ ne se refuse pas à ce que je laisse „ après moi, si son indigne pere l'abandonne. Helas! je vous implore „ pour le fruit de mon crime : Quelle „ espece de cruauté restera-t'il à „ exercer contre lui ? ne l'aurai-je „ pas accablé de tous les malheurs? „ il naitra dans la misere & dans l'infamie. Adieu, mon pere, j'espere „ qu'on vous avertira bien-tôt que „ ma mort doit calmer votre colere.

DOUZIE'ME FEUILLE.

MOn Confrere le *Spectateur Anglois*, avoit établi des Bureaux d'adresse où differens Particuliers lui envoyoient des lettres, qu'à leur priere il inseroit dans ses discours : or, mon Confrere vaut mieux que moi, puisqu'il pense mieux, & qu'il est venu le premier.

Ainsi, je ne puis m'égarer en suivant son exemple, & je vais mettre encore ici deux lettres qui me sont arrivées, je ne sçais comment.

Monsieur le Spectateur,

Peut-être êtes-vous quelquefois embarrassé de trouver le sujet de vos Feüilles, & ma situation vous en fournit un que vous pouvez rendre utile & agréable. Je suis un homme sans ambition, d'une humeur douce, d'une santé vigoureuse, aimant la joye, & d'assés bon commerce, à ce que disent mes amis : j'ai du bien plus qu'il ne m'en faut pour vivre à mon aise, & pour laisser mes enfans passablement riches.

Sur cela, vous allez croire que je suis heureux. Eh ! non, mon cher Monsieur ; j'ai une femme qui broche sur le tout, & qui m'enleve tous les avantages de ma fortune, de mon temperamment, & de mon caractere : je suis triste, en dépit de mon humeur joyeuse ; je vis dans la pauvreté, en dépit de mon bien, dont j'ai bonne envie de joüir, & suis toûjours valetudinaire, en dépit de la meilleure ſanté du monde.

Cependant, ma femme, cette femme ſi fatale, par qui tant de moyens d'être heureux, me periſſent entre les mains, elle eſt d'une figure aimable; elle m'aime tendrement, & je l'aime de tout mon cœur auſſi.

C'eſt qu'elle eſt jalouſe, *direz-vous* : non, je ne lui vis jamais la moindre vapeur de jalouſie. Si c'étoit-là ſon mal, je l'en guerirois. Je laiſſe la femme d'autrui en repos; la mienne me plaît comme je vous dis; & je ſuis trop pareſſeux pour me donner la peine d'être coquet. D'où vient donc qu'elle eſt mon fleau? c'eſt qu'elle eſt avare; mais dans un excès qui ſeroit plus l'admiration que l'exemple de l'Avare le plus déterminé : je ne ſuis pas même aſſés méchant, pour donner ici ſon portrait en entier; & pour expoſer fidelement toute l'induſtrie de ſon avarice, je ſupprimerai ce détail par charité pour les Avares, que je regarde encore comme mon prochain, quoique bien des perſonnes leur diſputent cette qualité. Ces pauvres gens se pendroient peut-être à la vûë de mille petites dépenses qu'ils font depuis long-tems, qu'ils croyent bonnement indispensables, & que ma femme plus habile qu'eux, a pourtant trouvé le secret d'épargner.

D'ailleurs je suis trop bon serviteur du Roy; & dans le détail qu'il faudroit faire, il y auroit bien des choses qui instruiroient à blesser ses interêts, aussi bien que ceux d'un nombre de marchands dont je pourrois causer la banqueroute.

Par exemple, ma femme n'écrit jamais de lettre, & n'en reçoit jamais. Pour en écrire, il en coûte une feuille de papier. Pour en recevoir il en coûte le port. Oh! voyez, s'il vous plaît, ce que deviendroient la vente du papier, & le revenu des Postes, si tous les avares pensoient de même.

Et c'est là le moindre des articles que je pourrois citer. Tous les jours elle en imagine de nouveaux, qui, s'ils prenoient credit, couperoient la gorge aux Cuisiniers, aux Artiſans, aux Ouvriers; livreroient toutes les marchandiſes aux vers, caſſeroient aux gages les deux tiers des matelots, parce que la navigation pour le commerce ſeroit inutile; feroient ceſſer les Manufactures, & tomber la Republique de Hollande qui ne vendroit plus ſes denrées.

Il y a quelques tems qu'à dîner, mes enfans & moi, nous avions grand appetit: l'on nous ſervit un repas ſi frugal, que je fis mettre encore un chapon à la broche, & de ce maudit chapon, ma femme qui pâlit en le voyant, crut devoir en expier la dépenſe, & reparer par un coup de ſobrieté, le dommage que faiſoit à ſon gré notre intemperance.

L'heure du ſouper arrive; deux moineaux bien affamés, n'auroient pas eu trop de ce qu'on apporta ſur la table. Ma foy! mes enfans & moi, nous changeâmes de couleur à notre tour; mais ma femme, *lui dis-je*; il n'y a pas la de quoi manger. Vous vous trompez *me dit-elle*; car je ne ſouperai point. La condition de votre eſthomac eſt bien malheureuſe, *lui répondis-je*, en plaiſantant d'un air contraint; mais je vous avertis que le mien n'eſt pas ſi endurant. La-deſſus je mangeai un morceau, faute d'en pouvoir manger deux, à moins que de voler la part de quelqu'autre : enſuite, je me retirai : deux heures après ma femme tomba en foibleſſe de pure inanition : je courus à elle, & la priai de manger : il n'y eut pas moyen. Laiſſez-moi, *me dit-elle*, c'eſt ce chapon que je n'ai pû digerer; je l'en aurois deffiée, car elle n'en avoit pas goûté.

Vous concevez bien, Monſieur, que cette abſtinence preſque éternelle, doit répandre un air de langueur ſur tous les viſages de ma maiſon; auſſi, quand je reviens chez moi, je crois rentrer dans un deſert; car il y regne un calme ſi triſte; la cuiſine y eſt ſi froide; mes enfans ſont ſi ſombres, ſi ſerieux; leur ſang apparamment a ſi peu d'eſprits; il circule ſi lentement; moi-même à l'aſpect de tout cela, je demeure ſi abbatu, ſi conſterné, qu'actuellement en vous racontant ſeulement la chose, & quoiqu'absent de chez moi, il me prend de melancholie, un engourdissement par tout le corps.

Vous ne manquerez pas de me dire que je suis le maître, & que si je souffre, c'est à ma complaisance à qui je dois m'en prendre. Il est vrai; je n'ai pû jusqu'ici me resoudre à dire d'un ton ferme à ma femme, *je veux*. Je suis l'homme du monde le plus foible, le plus indolent, & le plus ennemi du bruit, surtout avec les gens que j'aime un peu; & je le vois bien: voilà ce qui fait que ma femme amaigrit à son aise, que j'ai une migraine continuë, & que mes enfans ne sont ni nourris ni vêtus; je dis ni vêtus; car en Eté, ils étouffent, & tremblent en hyver, à cause que ma femme ne connoît point de saisons; & pour d'habits, elle étoit si fâchée, si piquée la derniere fois qu'elle en acheta, que je la surpris dans son cabinet, ruminant très-serieusement à quelque honnête moyen de s'en passer. Je m'attens qu'au premier jour elle trouvera l'expedient qu'elle cherche.

Sçavez-vous, *Monsieur*, comment je me comporte, quand la patience m'échappe avec elle. Je retiens ma colere; je pars subitement de chez moi, & vais du même pas lui faire emplette d'un habit neuf. Cet habit est plus ou moins magnifique, suivant que je suis plus ou moins en colere. Il y a deux mois que j'étois si outré, que je lui levai une étoffe toute d'or : elle s'évanouit en la voyant, & j'ai eu un peu de repos pour six semaines; ensuite, elle a recommencé sur nouveaux frais; de sorte que ces jours passés, elle me regala d'un trait d'économie si extraordinaire, que pour l'en punir, je courus vîte lui acheter une cornette superbe: cela la mit à la raison; elle devint docile pour quelque tems, & me promit bien de s'amender; mais franchement, ces corrections-là me fatiguent; &, comme elle lit vos Feüilles qu'on lui prête, je souhaiterois que dans un de vos discours, vous essayassiez de me soulager par des réflexions qui la fissent rougir de son avarice, & qui m'épargnassent à moi l'achat des verges dont je la chatie.

Après quoi, si vous ne réussissez point, mon parti est pris ; & tout franc, j'ai resolu de m'en délivrer, non que je veüille employer ni fer, ni poison contr'elle au moins ; je n'en suis pas capable, & ce n'est pas là ce que je veux dire. J'ai, pour la faire *mourir*, des *moyens* plus *innocens*, qui se mocquent de toute recherche, & qui, je croi, ne blessent presque point ma conscience. Je ne la tuërai point, je serai seulement cause de sa mort, & cause, à mon gré, très-éloignée. Je lui ôterai la vie par un trait badin, & assûrement le badinage n'est point deffendu, quand il est honnête : vous en allez juger.

Depuis dix ou douze ans; quand je veux me divertir, voir mes amis, leur donner à manger; je les meine dans une petite *maison* que j'ai loüée à l'insçû de ma femme. D'ailleurs, je fais quelques fois des parties de campagne; je vais aux spectacles avec des Dames; je joüe; de tems en en tems je perds. Ma femme ne sçait rien de tout cela, & moi, par je ne sçai quel pressentiment, qu'un jour elle me pousseroit à bout, & qu'il me seroit impossible de vivre avec elle, j'ai toûjours eu la précaution de tenir un memoire, & de mes pertes, & de ces dépenses qu'elle ignore. Oh! c'est avec ce memoire que je la tuërai, *Monsieur* : voilà mon poignard; il est en bon état; il ne la manquera pas; le numero des sommes écrites dessus, se monte à vingt mille francs. Je le tiens tout prêt. Hier, j'avois déja tiré non arme de ma cassette; j'allois faire mon coup : je ne me suis jamais trouvé contr'elle dans une humeur si assassine; enfin, ma femme n'avoit plus qu'un instant à vivre : j'entrai dans sa chambre; elle étoit à sa toilette; elle a les plus beaux cheveux du monde; ils étoient épars; cela lui faisoit une physionomie si douce; elle soûrit en me voyant, & me desarma; je n'eus pas la force de déployer mon papier, de l'exposer à ses yeux, & ma tendresse lui fit quartier. Mais, *Monsieur*, je ſens bien que ce n'eſt que partie à remettre. Je n'en puis plus ; je vous en prie, ſauvez lui la vie ; prêchez-là de mieux qu'il vous ſera poſſible ; preſervez-là d'une mort ſubite que je ſuis toûjours tenté de lui donner. J'attens de vous cette grace avec impatience, & je ſuis, &c.

Monſieur le Spectateur.

Avant que de vous entretenir ſur ce qui me regarde, je ſuis bien aiſe de vous dire que je lis exactement vos diſcours, & que je m'y plais beaucoup, quand vous ne parlez ni d'*Anciens*, ni de *Moderres*, ni de *bel eſprit* ; car dans ce cas, je prens, ne vous déplaiſe, la liberté de vous ſauter ; parce je n'aime pas les raiſonnemens que vous autres, ce me ſemble, appellés metaphiſiques, & dont je ne connois que le nom, ſans trop comprendre ce qu'il ſignifie.

Je me doute pourtant que vous penſez à merveille dans ces raiſonnemens-là ; mais, comme ils m'ennuyent, dès que j'en ai lû deux lignes, je n'y ſçai d'autre façon que de les quitter, & de les paſſer pour bons, & cela fait justement votre compte & le mien. Ainsi, vous devez être content de mon procedé, & j'espere qu'en revanche vous ne me refuserez pas ce que je vous demande.

Je suis une fille de seize à dix-sept ans; j'ai de l'esprit, j'en suis sûre; car on me déplaît quand on n'en a point, & je sçai fort bien rire en moi-même de toutes les bêtises que je vois faire. Lorsque vous aurez lû ma petite histoire, vous jugerez bien que j'ai raison de me croire un peu spirituelle. Si ma mere me laissoit voir le monde, je vais gager qu'en moins d'un mois, j'en sçaurai autant que les personnes qui y ont été toute leur vie. Je ne puis pas dire que je suis belle : non, mais je m'imagine que c'est tant mieux; car si je l'étois, je crois en verité que je ne serois pas si jolie que je le suis. Pour bien-faite, j'entendis l'autre jour le Directeur de ma mere, qui lui disoit du ton d'un homme qui sent ce qu'il dit, *il faut avouer que cette Demoiselle est faite à peindre*; je le sçai bien, *lui répondit-elle à son tour d'un ton de Confessional*, & je crains bien qu'elle ne le sçache aussi.

Mais je m'amuse à babiller, sans venir au fait. Il faut me le pardonner, *Monsieur*, une fille de mon âge, qui parle de sa taille & de son visage, c'est tout comme si elle étoit à sa toilette : elle ne peut finir ; finissons pourtant. Je ne vous dirai rien de mon cœur ; la suite de ma lettre vous expliquera ce qu'il est. Il suffit que vous compreniez que je suis aimable ; moi, je le comprends encore mieux, & voilà ma peine. Ma mere est extremement devote, & veut que je le sois autant qu'elle, qui a cinquante ans passez ; n'a-t'elle pas tort ?

Quand je vous dis cela, ne croyez pas que je blâme la devotion : j'en ai moi-même ce qu'il m'en faut ; je suis naturellement sage ; mais jusqu'ici j'ai plus de vertu que de pieté ; cela est dans l'ordre ; & de cette pieté, je vous jure que j'en aurois encore davantage, si ma mere n'éxigeoit pas que j'en eusse tant. Jamais je ne me ſauverois, ſi je devois vivre toute ma vie avec elle.

Il y a quelque tems, qu'elle fut très malade, on crut qu'elle mourroit. Comme je vis qu'elle alloit ſe confeſſer, il me prit une inquietude pour elle. Helas ! dis-je en moi-même, cette femme-là va ne s'accuſer que de ſes fautes, ſans faire mention des miennes qui ſont ſur ſon compte. Là-deſſus je penſai lui aller dire : ma mere, vous ne ſçavez pas tous vos pechés, & je me crois obligée, en conſcience, de vous avoüer tous les dégoûts, tous les murmures, toutes les diſſipations, toutes les impatiences où je ſuis tombée à cauſe des exercices religieux que vous m'avez fait faire, & de la contrainte où vous m'avez tenuë.

Je prenois déja ma ſecouſſe pour l'aller trouver, quand on m'apprit quelle venoit d'avoir une criſe qui apparemment la tireroit d'affaire. Je me retins ; mais voilà ſix heures qui ſonnent. A ſix & demie, je dois aller dans ſon cabinet faire une lecture pieuſe qui dure ordinairement une heure. Nous revenons de Complies; nous avions déja été à Vêpres. Dans l'instant où je vous écris, ma mere est en meditation, & je suis censée y être aussi. Par précaution je tiens toûjours ouvert le livre où est le point que je dois mediter, afin qu'elle me trouve sous les armes, si, suivant sa coûtume, elle venoit s'assûrer de ma ferveur.

Ce matin, de même que tous les matins que Dieu fit; au sortir du lit, nous avons été une heure en oraison; ce soir avant que de nous coucher. autre oraison de fondation & de la même durée, & le tout toûjours precedé d'un lecture. Pour moi, dans toutes ces oraisons là, j'y paye de mine. Quand le hazard nous dérange, & que je suis ma maîtresse, je fais ma priere soir & matin d'aussi bon courage qu'on le puisse. Un *Pater* recité à ma liberté, me profite plus, que ne feroient dix années de pieté avec ma mere. Vous parlerai-je tout-à-fait franchement. Nos heures d'exercices n'arrivent point; je n'entends sonner ni Vêpres, ni Complies; je ne vois point de livre pieux, que je ne ſois ſaiſie d'un ennuy qui me fait peur.

Avant hier, j'étois ſeule dans la chambre de ma mere; il entra un Eccleſiaſtique. Comme je ne ſongeois à rien, je me trouvai preſque mal en le voyant, ſeulement à cauſe de ſon habit qui a rapport à nos fonction devotes.

Sçavez-vous bien, *Monſieur*, que je crains les ſuites de mes dégoûts là-deſſus; ſçavez-vous bien qu'une prédication me donne la fievre, moi qui aimerois à entendre prêcher, ſi je n'en avois ſatieté. Ce n'eſt pas là tout; ſi vous voyez comme ma mere m'habille; au voile près, vous me prendriez pour une Religieuſe; encore au voile près, je me trompe, ma coëffe en eſt un, de la maniere dont je la mets. A l'égard de mon corps, il me va juſqu'au menton; il me ſert de guimpe : vous jugez bien qu'une ame de ſeize ans n'eſt pas à ſon aiſe ſous ce petit attirail là. Entre vous & moi, je crains furieuſement d'être coquette un jour; j'ai des émotions au moindre ruban que j'apperçois : le cœur me bat, dès qu'un joli garçon me regarde : tout cela m'est si nouveau ; je m'imagine tant de plaisir à être parée, à être aimée, à plaire, que si je n'avois le cœur bon, je haïrois ma mere de me causer, comme cela, des agitations pour des choses qui ne sont peut-être que des bagatelles, & dont je ne me soucierois pas, si je les avois. Persuadez-là, s'il vous plaît, de changer de maniere à mon égard. Tenez, ce matin j'étois à ma fenêtre ; un jeune homme a paru prendre plaisir à me regarder ; cela n'a duré qu'une minutte, & j'ai eu plus de coquetterie dans cette seule minutte là, qu'une fille dans le monde n'en auroit en six mois. Tâchez donc de faire voir les consequences de cela à ma mere : six heures & demie sonnent, elle m'appelle déja de son cabinet : je m'en vais lire ; je vais prononcer des mots ; je vais entrer dans ce triste cabinet que je ferai, quelque jour, abattre, s'il plaît à Dieu ; car sa vûë seule me donne une secheresse (pour parler

parler comme ma mere) qui m'empêcheroit, toute ma vie, de prier Dieu, si je restois dans la maison. Ah! que je m'ennuye.

TREIZIE'ME FEUILLE.

LE fameux Scythe *Anacharsis*, un jour surpris par une nuit obscure, apperçut une maison bâtie au bas d'une montagne. Il vint y demander l'hospitalité, & ce fut le Maître même de la maison à qui il parla... Entrez, dit-il, à Anacharsis, d'un ton severe. Les hommes en general, ne meritent pas qu'on les oblige; mais ce seroit être aussi méchant qu'eux, que de les traiter comme ils le meritent. Venez: les vices de leur cœur m'ont valu des exemples de vertu.

La singularité de ce discours eut, peut-être, étourdi tout autre homme qu'Anacharsis; mais ce Scythe, qui étoit un amateur de la sagesse, & qui voïageoit pour en acquerir, se sentit, au contraire piqué d'une curiosité de Philosophe, il regarda cet accüeil, comme la matiere d'un éclaircissement qui ne manqueroit pas d'être instructif, il s'en promit tout d'un coup quelques nouvelles leçons de sagesse, & il lui tarda de voir le dénouëment d'une avanture qui, suivant ses vûes, commençoit d'une façon si interessante.

Il suivit donc son hôte qui le prit par la main, & le conduisit dans un appartement commode, dont la propreté faisoit tout l'ornement. Anacharsis, qui étoit bon connoisseur, vit bien alors qu'il étoit logé chez un sage; & cela étant, il se trouvoit lui, une bonne fortune pour son hôte, tout comme son hôte en étoit une pour lui. Il ne s'agissoit plus que d'une chose; c'étoit que l'autre à son tour eût sentiment de son merite, & que la découverte de ce qu'ils valoient fût entr'eux reciproque.

Pour cet effet, voilà Anacharsis qui prend le maintient d'un sage, attitude grave, discours sententieux & silence attentif.

Notre Misantrope remarqua ces façons-là, & sur cette étiquette, il examine Anacharsis : celui-ci tient bon : deja l'autre s'intrigue, s'arrange sur ses conjectures, prend lui-même une contenance moins distraite, & soupçonnant qu'il est devant un sage, ne veut pas manquer le petit profit qui se presente, c'est d'être aussi pris pour tel.

Cependant on servit, ils se mirent à table ; & dans la conversation, si je ne craignois de vous paroître trop curieux, *dit-il*, je vous prierois de me dire à qui j'ai le plaisir de donner aujourd'hui retraite. Si j'en crois les les apparences, je dois vous distinguer des autres hommes pour qui je n'ai pû m'empêcher de vous montrer tant de mépris. Quand vous me confondriez encore avec eux, *reprit Anacharsis*, vous ne seriez point injuste : tous les hommes, en effet sont méprisables, les uns plus, les autres moins ; voilà toute la difference qu'on peut mettre entr'eux. Vous souhaitez de sçavoir qui je suis, & je vous ai trop d'obligation pour refuser de vous satisfaire. Je suis né Scyte, & je m'appelle Anacharsis. Votre nom, & votre amour pour la sagesse, me sont connus, Seigneur, *répondit le Solitaire*; je sçai même votre rang que vous oubliez de me dire; vous êtes Prince de la famille Royale de Scytie, & je vous demanderois pardon de la maniere dont je vous ai reçû d'abord, si je ne croïois devoir épargner au Philosophe Anacharsis, les excuses & les respects que je dois au Prince: cependant, Seigneur, souffrez que je vous dise d'où me vient cette haine que j'ai prise pour les hommes. J'allois vous prier de m'en instruire, *reprit Anacharsis*, & j'attends votre recit avec impatience. Je vais, *dit le Solitaire*, vous exposer toute l'histoire de ma vie; cela pourra vous amuser, & je ne serai pas long.

Je m'appelle *Hermocrate*, & je suis issu de parens qui furent autrefois Senateurs dans Athenes. Mon pere répara par une éducation excellente, la mediocrité des biens qu'il avoit à me laisser. J'étois dans la fleur de mon âge quand il mourut ; je crus, après sa mort, ne devoir rien negliger de tout ce qui pouvoit augmenter ma fortune : J'avois l'ame genereuse, & de tous les plaisirs ausquels j'étois sensible, je n'en connoissois point de plus grand, de plus cher, ni qui me fût plus necessaire, que le plaisir d'obliger les autres. Quand je pouvois rendre un service à quelqu'un, je n'avois pas besoin d'étudier mes façons, pour sauver aux gens la petite confusion qu'on a souvent d'être obligé dans bien des choses. J'étois là-dessus, tout sentiment ; je n'avois qu'à laisser faire mon cœur, il n'y avoit rien à ajoûter à son industrie naturelle, non plus qu'au talent qu'il avoit de cacher son industrie même.

Né avec de pareilles dispositions, j'envisageois avec volupté, toutes les sortes de partages que je ferois de ma fortune aux autres. Quand je serois riche, je ne puis subsister avec mon bien, *disois-je en moi-même* ; car il ne suffit que pour moi, & mon cœur, pour ainsi dire, n'a pas le neceſſaire. Eſtre né bon & ne pouvoir exercer ſa bonté, n'eſt-ce pas vraiment n'avoir pas dequoi vivre? quoi! voir les beſoins d'un honnête homme, & n'être point en état de les ſoulager, n'eſt-ce pas les avoir ſoi-même? Je ſerai donc pauvre avec les indigens, ruiné avec ceux qui ſeront ruinés, & je manquerai de tout ce qui leur manquera: Tâchons de me mettre à l'abri d'une vie ſi triſte.

Dans ce projet je me reſſouvins qu'il y avoit un Philoſophe qui s'étoit entierement retiré du monde, & qui demeuroit à un quart de lieuë de ma Ville. Il cultivoit les Sciences dans ſa retraite, & beaucoup de perſonnes l'alloient ſouvent conſulter ſur une infinité de matieres: ſes réponſes & ſes conſeils avoient été utiles à tout le monde, & ſon étude lui avoit même acquis des ſecrets qui le faiſoient paſſer pour un Magicien dans l'eſprit du peuple: Il falloit l'interroger en peu de paroles & il répondoit de même.

J'allai donc le trouver; je n'avois

qu'une queſtion fort courte à lui faire. Comment faut-il s'y prendre, *lui dis-je*, pour avoir l'amitié des hommes? (car je comptois qu'avec leur amitié, il n'y avoit rien dont je ne vinſſe à bout.) Eſtre bon avec eux, & dans ſes diſcours & dans ſes actions, *me répondit-il*, & puis il ſe retira: ſur ce pied-là; ils m'aimeront, dis-je, en me retirant auſſi; car, pour être bon, je n'ai qu'à reſter comme je ſuis.

Je revins chez moi avec cet Oracle qui s'ajuſtoit ſi bien à mon caractere; & dès ce moment, je me mis en beſogne : vous concevez bien que je n'eus pas de peine à donner des témoignages de cette bonté qu'on m'avoit recommandée, & dont mont cœur ne reſpiroit que la pratique.

Le Philoſophe ne s'étoit point trompé; & en effet, je fus bien-tôt regardé comme le meilleur garçon du monde, je ne voyois perſonne qui ne fit mon éloge; on s'attendriſſoit en me loüant; on ſe répandoit en careſſes; tous les diſcours qui rouloient sur mon compte, étoient affectueux; & ce qu'on me disoit, il est certain qu'on le sentoit. Sur le rapport de ceux qui me connoissoient, j'avois pour amis, tous ceux qui ne me connoissoient pas; & je vous l'avouë, les esperances de credit & de fortune, que j'avois conçûës, me parurent alors infaillibles, au point où je voyois les choses. Je comptois en homme sensible, que mes amis me seroient obligés des services que j'exigerois d'eux; ils seront charmés de m'être utiles, *me disois-je*; ils m'aiment, & les requerir de quelque grace, est un bonheur que leur doit ma reconnoissance; il est vrai que je n'ai pas le talent de demander pour moi, & qu'assurément je m'y prendrai mal; mais à cet égard-là leur amitié m'épargnera bien des frais de complimens; & d'ailleurs c'est un titre de bon cœur, que de ne sçavoir pas parler pour soi. L'homme genereux, quand il prie son ami de le servir, s'imagine presqu'à cause de cela, être un mauvais ami lui-même.

C'étoit ainsi que je m'entrenois avec moi, quand un poste honorable & qui me convenoit, se presenta. Je témoignai à differentes personnes, que j'avois envie de l'avoir. Remarquez que ceux à qui je m'adressois, me sembloient les plus touchés de mon caractere : j'en avois reçû en toutes occasions, de ces tendres serremens de main par qui l'on semble dire à un homme, qu'il est doux d'être avec lui ; de ces protestations de bienveillance qui partent d'une abondance de goût pour vous. Ils tenoient ordinairement avec moi de ces discours familliers qui seroient des injures entres gens indifferens, & qui, entr'amis, ne sont qu'un badinage joyeux & caressant.

Les uns me dirent d'un air pensif & reflechi, que la chose étoit difficile; qu'ils ne voïoient pas bien encore comment ils s'y prendroient pour s'employer en ma faveur ; mais j'y rêverai, *ajoûtoit chacun d'eux*, & je vous promets là-dessus un réponse plus positive : les autres me refuserent tout à fait cordialement, en homme d'honneur par telles & telles raisons, je ne puis rien là-dedans mon cher ami : j'en suis fâché ; mais ne vous rebutez pas ; remuez-vous ? voilà à peu près les tours que je vous conseille de prendre pour arriver à vos fins : c'étoit-là le langage de chacun de ceux-là d'auprès de qui je revenois, chargé d'instructions que m'avoit prodigué leur zele.

De ces amis, je passai à d'autres ; & par tout je trouvai des sentimens du même stile : j'en étois surpris, je n'y comprenois rien, c'étoit une énigme pour moi, que de voir qu'on m'aimoit veritablement, & que pourtant on ne se soucioit point de moi.

Je manquai le poste, un autre l'emporta ; & cet autre, c'étoit un homme dangereux, malin, vindicatif, qui avoit le courage de dire de bons mots contre ceux qui ne lui plaisoient pas, & qui, à l'égard des ridicules de son prochain, étoit d'un commerce aussi cavalier, que le mien étoit doux & humain ; enfin qui étoit mon contraste; avec cela, voyez la difference de nos avantures. Il s'attiroit des ennemis qui s'empressoient à le servir, pendant que je me faisois des amis qui refusoient de m'être utiles. N'auriez-vous pas crû que les hommes se trompoient, & que par méprise, ils me donnoient la part qui lui étoit dûë, & lui transportoient la mienne? A qui pensez-vous qu'il eût obligation du poste dont il s'agissoit? aux mêmes personnes que j'avois tâché d'interesser pour moi, & qui m'avoient toûjours mal parlé de lui. Ce n'est pas tout, quelque tems après, on me pria d'un repas où tous les conviés, *me disoit-on*, seroient charmés de m'avoir. L'homme en question sçut ce repas, il en voulut être, il apprit que je m'y trouverois, & témoigna n'en être pas content. Sçavez-vous ce qui arriva? on m'avoit prié, on m'aimoit, & il étoit craint: eh bien? le repas se fit, & pour mettre à l'aise le malin personnage, on envoïa dire au meilleur garçon du monde, que la partie étoit rompuë, pour je ne ſçai quel accident qu'on imagina, & dont l'imposture fut de l'invention de tous les conviés. Oh? alors, informé de cela, je crus pour le coup que les hommes étoient devenus foux. A peine étois-je sorti du chagrin que cela me donna, que je tombai dans mille autres dégoûts. Chaque jour je m'apercevois que j'ennuïois tout le monde qui continuoit à m'aimer. Vouloit-on se réjoüir, ma compagnie ne tentoit pas mes plus intimes, & l'on préferoit celle de gens, sur qui, s'il en avoit été question, le cœur de ceux qui me laissoient là, m'eût donné mille fois la préference? on disoit que j'avois de l'esprit, & que j'étois guai, & on le disoit, sans se soucier ni de mon esprit, ni de ma gaïté : on les estimoit sans y prendre goût : le plus petit des plaisirs, une minutie, si je la demandois à quelqu'un, il falloit pour l'obtenir, me donner la peine de l'arracher à la distraction qu'on avoit pour moi.

Me voyant enfin si maltraité des hommes; & du côté du bien, de moitié moins à mon aise que je ne l'avois été d'abord, il me prit un jour une si grande colere contre mon Philosophe, pour la tromperie que je croïois qu'il m'avoit faite, quand j'avois été le consulter, que je partis tout d'un coup, pour aller lui témoigner mon ressentiment. J'arrivai bien-tôt chez lui, & je frappai avec emportement à sa porte; il se presenta d'un air aussi froid, que s'il avoit eu affaire à l'homme le plus tranquille. Me reconnoissez vous, *lui dis-je*? oüi, reprit-il; que me voulez-vous? vous reprocher, *répondis-je*, la fourberie de vos conseils; dites plûtôt mon ignorance, s'il est vrai que mes conseils vous aïent fait tort; *repartit-il*. Non, non, m'écriai-je! vous vous êtes joüé de ma jeunesse; je vous ai demandé ce qu'il falloit faire pour être aimé des hommes, vous avez eu la cruauté de me dire que je n'avois qu'à être bon, & c'est cette bonté que vous m'avez conseillée, qui m'a perdu auprès d'eux, loin qu'elle m'ait conduit à la fortune, comme je l'esperois, & peu

Pagination incorrecte — date incorrecte

NF Z 43-120-12

s'en faut qu'elle n'ait causé ma ruine entiere. Vouloir faire fortune, est une autre chose que de souhaiter d'être aimé des hommes, *me répondit-il.* Que ne vous expliquiez-vous mieux, quand vous m'avez interrogé? comment! *repris-je*, pouvois-je m'imaginer que j'échouërois, soutenu de l'amitié de ces hommes? par quelle fatalité m'a-t-elle donc été si nuisible? Prenez *me dit-il*, cette poudre que j'ai composée de simples, & dont les effets sont naturels; allez chez vous, assemblez vos amis, & mêlez-en dans le vin qu'ils boiront; plaignez-vous ensuite de leur procedé pour vous, & ils vous diront pourquoi leur amitié a trahi vos projets.

J'executai ce qu'il me prescrivit: pendant le repas, il me sembla qu'ils railloient adroitement jusqu'à la profusion de mets exquis que je leur donnai. Il ne tenoit qu'à moi de deviner qu'ils m'appelloient dupe, de ce que j'étois si genereux: Je choisis cet instant pour leur parler.

Vous êtes d'étranges gens, *leur dis-je*; je sens toute l'ingratitude que vous enveloppez dans votre façon de loüer mon repas : & ce n'est pas d'aujourd'hui que vous n'êtes envers moi que des ingrats. Cependant il n'y a pas un de vous ici, qui ne m'aime. Cela est vrai *me dirent-ils* : pas un de vous, *continuai-je*, qui ne convienne que je suis le meilleur coeur qu'on puisse trouver. C'est une justice que nous vous devons, *dirent-ils* encore. Avec cette qualité, *repris-je*, on peut se vanter d'être aimable & d'un commerce sûr, quand on y joint un peu d'esprit. Pourquoi donc chacun de vous me fuit-il, & paroît-il en toute occasion se soucier si peu de moi? pendant qu'il s'amuse volontiers avec *Dilearque* qui est un rapporteur éternel de ce qu'on dit : & de ce qu'on ne dit point; avec *Delphire* qui est une ame double ; avec *Diocles* qui ne s'attache à personne, avez *Thelcphe* qui n'a jamais obligé qui que ce soit, avec *Amyntas* railleur impitoïable, & avec qui, dans un cercle, votre amour propre essuïe mille petits affronts qui vous le font haïr? Pourquoi rendre service à tous ces gens là préferablement à moi que vous aimez ? pourquoi semblez-vous même en faire plus de cas que de moi ? c'est que leurs vices, *me répondit* alors un de la bande, leur donne une importance que votre vertu ne vous donne point. Voulez-vous que nous vous parlions franchement ? ma foi ! rien n'est d'une moindre ressource, rien ne tarit tant au plaisir de la societé, qu'un homme aussi excessivement bon que vous l'êtes à tous égards : son entretien n'a rien de vif ; rien qui flate la curiosité maligne que nous avons tous mutuellement sur ce qui nous regarde. Que diantre faire avec un homme contre l'esprit de qui le vôtre n'a point à se précautionner dans la conversation ? De quoi s'occuperoit-on avec lui, de qui l'on ne peut esperer aucun trait de malice, & à qui par consequent, on n'en peut rendre ; qui ne médit de personne, & qui par-là ne vous apprend rien ; qui ne vous dispute jamais son suffrage, quand vous avez de l'esprit avec lui ; qui n'est point jaloux de

cet

cet esprit; ce qui ôte la vanité d'en avoir; d'un homme avec qui votre amour propre languit dans une éternelle securité d'où naît l'ennui; d'un homme de qui vous ne craignez rien, ni sur vos interêts, ni sur votre reputation, de qui vous n'attendez rien à votre avantage contre celui des autres; ce qui n'établit aucun motif de liaison, ni d'intrigue entre vous & lui? Eh bien! vous êtes un bon garçon; je vous aime, parce que vous serez toûjours bon pour moi; mais vous me lassez, parce que vous ne serez jamais mauvais pour personne. Nous ne vous avons point rendu service, *dites-vous*. Eh! par où nous excitez-vous à vous servir? êtes-vous capable de vous venger de nos refus là-dessus? Non, je vous l'ai dit, vous serez toûjours bon, toûjours genereux; ainsi, ce n'est pas la peine de se donner du mouvement pour un homme dont on ne peut rebuter la bonté, ni s'attirer la rancune? Pour ceux que vous venez de nommer, je passe le tems ou à me tenir sur mes gardes avec eux, ou à m'en faire craindre, ou à m'en divertir; mais vous, vous n'êtes qu'aimable, & quoi encore, aimable; & en verité cela n'anime point, car on vous aime, & puis c'est tout.

Il alloit continuer; mais moi, saisi de fureur à la vûë de l'iniquité des hommes, je dis à tous ces indignes de sortir, ce qu'ils firent en se moquant de moi. Le lendemain je vendis le reste de mon bien; & m'éloignant de ma patrie aussi bien que des hommes qui m'étoient odieux, je fis bâtir cette maison dans ce desert, où je vis de ce que me rapportent quelques arpens de terre que j'y cultive.

QUATORZIE'ME FEUILLE

JE me suis mis sur le pied de produire les Lettres qu'on m'envoyera, quand je les trouverai utiles au Public: & en voici deux que je n'ai pas crû devoir supprimer.

MONSIEUR LE SPECTATEUR,

Je ne vous demande point de mettre cette Lettre dans vos Feüilles: je ne sçai pas faire de Lettres qui méritent d'être imprimées. Je vous prie seulement d'avoir la bonté, dans un de vos Discours, de traiter de la situation où je suis. Si vous aimez à secourir les gens qui sont malheureux: vous ne pouvez donner du secours à personne qui soit plus digne de compassion que moi.

Je suis infirme, accablé d'années, relegué à la Campagne où l'on a livré ma vieillesse à la discretion de deux ou trois Domestiques sans charité pour mon âge & pour mes infirmités, qui m'oublieroient toûjours, si je n'étois importun, & dont il faut que j'impatiente la brutalité pour en arracher quelqu'attention à mes besoins; enfin auprès de qui l'on ne m'a laissé d'autre appui que la pitié que je devrois leur faire, & que je leur fais si peu, qu'ils abusent de l'oubli cruel où m'a laissé leur maître. Helas!

ce qui m'afflige le plus, ce qui fait toute l'amertume de mes peines, c'est que ce maitre dont je parle, vous le dirai-je, Monsieur, c'est qu'il est mon fils. Je suis sûr que mon état vous touche; mais quelque bon cœur que vous soyez, vous n'en sçauriez comprendre toute la misere: Il faut être à ma place, il faut être Pere, pour en sentir toute l'étenduë.

C'est, sans doute, un étrange malheur que d'être à mon âge, rebuté de tout le monde, ou de se voir à la merci de l'humanité des Etrangers, de gens qui ne sont ni vos amis ni vos parens: De ne trouver qui que ce soit qui s'interesse veritablement à vous, & qui vous soulage, & vous aide à supporter ce reste de vie languissante où vous ne pouvez plus rien pour vous, & où vous êtes à charge à vous-même: Dans de pareilles extrêmités un homme est fort à plaindre; Enfin, il souffre beaucoup, & puis il meurt; Eh bien, Monsieur, soyez-en persuadé, l'infortune de cet homme-là n'est rien auprès de la mienne, s'il n'a point d'enfans, si Dieu ne l'a pas fait le pere d'un fils qui l'abandonne: Non, ce n'est rien que d'être délaissé des autres hommes, de n'avoir à se plaindre que de leur peu de compassion : il n'est pas étonant qu'ils soient durs, impitoyables, vous ne leur êtes rien : Ce sont des indifferens, des inconnus que vous pressez d'être genereux; ils ne veulent pas l'être pour vous, ils le sont peut-être pour d'autres, & si vous ne souffriez pas; vous n'en exigeriez rien.

Mais, Monsieur; vous imaginez-vous bien ce que c'est qu'un fils : Sçavez-vous comment on le regarde; ce qu'on en attend, ce qu'il vous est : Est-il pour vous un homme comme un autre. Ah! c'est ici où les expressions me manquent; c'est ici où mon cœur est saisi, où je souffre Ce qui n'est point douleur, ce qui n'est point desespoir; mais quelque chose de plus cruel que tout cela. Oüi, l'on vit encore; il reste encore du courage & des forces, quand on sent de la douleur & du desespoir, & moi, Monsieur, je ne vis plus, je ne tiens plus à la vie que par un sentiment de tristesse qui me penetre, qui confond & qui glace mon ame, qui ne me laisse ni crainte ni esperance; qui m'anéantit. Les hommes aujourd'hui me rejettent, & m'abandonnent, & ce n'est encore là qu'être rejetté & abandonné des hommes; mais mon fils me rejette & m'abandonne comme eux, & c'est être rejetté & abandonné de la nature entiere. Il étoit mon unique appui, ma ressource, mais une ressource qu'il me semble que rien ne pouvoit m'ôter, qui étoit à moi, qui ne dépendoit ni de la faveur, ni de l'humanité des hommes: Que mon fils fût genereux ou non, la nature, les préjugés même, l'éducation qu'on donne à ses enfans, la tendresse qu'on prend pour eux, l'habitude qu'ils ont de respecter leur pere, tout me garantissoit l'amour de mon fils, pour moi, tout m'assuroit que cet amour étoit mon bien; tout dans son cœur devoit m'excepter des autres hommes, eût-il été sans honneur pour eux, tout le lioit à moi, comme tout me lioit à lui : Fut-il né l'homme du monde le plus haïssable, aurois-je pû le haïr, en aurois-je moins senti que j'étois son pere: Nos enfans pour nous éprouver sensibles ont-ils besoin de le meriter, d'être bons & aimables : Helas ! que sont sur nous leurs vices, qu'affliger notre amour, sans le rebuter.

Oüi, mon fils, du fond de l'état où vous m'avez mis, de cet état d'abattement où je languis ; c'est mon amour qui s'éleve : Vous n'avez pû me l'ôter ; c'est lui qui se plaint de vous : il ne m'est dûr de vivre encore, que parce que je vous aime toûjours : Non, je ne souffre que parce que c'est vous qui me maltraitez, votre cœur ne me connoît plus, & ma tendresse subsiste encore, je n'ai pû cesser d'être votre pere : comment avez-vous fait pour cesser d'être mon fils. Il n'y a donc plus rien qui tienne à moi dans la nature : Tout s'y est donc désuni d'avec moi, je n'y vois plus qu'un désert : J'y suis seul, ignoré de tout l'Univers, de mon fils que je regrette, que j'appelle à mon ſecours, & qui m'ignore comme tout le reſte des hommes.

Cependant, Monſieur, qu'ai-je fait contre ce fils ? de ſix enfans que j'avois il me reſta ſeul. Je n'étois pas riche, mais je l'aimois tendrement; & dans l'éducation que je lui donnai, mon œconomie, & l'induſtrie de mon amour me tinrent lieu de richeſſes : il répondit à mes ſoins je l'envoyai à Paris y ſuivre le Bareau: je m'ôtois preſque le neceſſaire pour l'y ſoûtenir: il y fit effectivement des progrès qui lui acquirent l'eſtime de ceux qui le connoiſſoient; & comme il étoit aſſez bien fait, qu'on le voyoit laborieux, une riche Dame, dont il faiſoit les affaires, en eut ſi bonne opinion, qu'elle lui offrit ſa fille, pourvû qu'en ſe mariant il eût du moins un bien médiocre : ce bien médiocre étoit entre mes mains : il conſiſtoit en deux petites Terres qui venoient, partie de mon patrimoine, partie de mes épargnes, & dont le revenu avoit ſervi à l'avancer, & à me faire vivre.

Il

Il m'écrivit la proposition de la Dame, me marqua tous les avantages du Parti qu'on lui offroit, & me dit que sa fortune étoit entre mes mains; Helas! elle ne pouvoit être plus sûre : je partis pour Paris, & je convins tout d'un coup de lui donner la moitié de ce que j'avois, & de lui assûrer l'autre.

Son mariage se fit quelques tems après : il quitta le Bareau pour des emplois qui paroissoient meilleurs : sa femme mourut en mettant un enfant au monde : je perdis beaucoup ; elle m'aimoit, & sa mémoire me sera toûjours chere.

Quatre ou cinq mois après sa mort, mon fils; pour certains desseins, eut besoin d'une somme considerable d'argent, il en emprunta, mais il lui en manquoit encore. J'étois alors content de lui : je suis né simple & plein de franchise : je le croïois plus amoureux de mon repos que moi-même; & en vendant ce qui me restoit pour achever sa somme, je voïois seulement que c'étoit un bien qui changeoit de nature, ſans changer de maître.

Je le vendis donc, ſuivant ſon envie, & cela ſans prendre aucune précaution pour moi : la choſe ſe fit entre nous deux ſeulement : l'argent en fut emploïé ſuivant ſes vûës : elles réüſſirent au-delà même des ſes eſperances. Le voilà puiſſant, après quoi il voulut joüir ſans travailler d'avantage : ſa maiſon prit une autre face : il ſe jetta dans les plus grands airs : des amis plus conſiderables ſuccederent à ceux qu'il avoit eu d'abord ; il ſe défit inſenſiblement de ces derniers, dont le commerce lui parut alors trop bourgeois, & commença enfin à rougir de moi.

Je m'en apperçûs, mais d'abord je crus me tromper ; en ce tems-là je tombai malade, & je vis qu'il me négligeoit dans le cours de ma maladie ; ſes domeſtiques à ſon exemple me négligerent auſſi, cela me chagrina ſerieuſement : je le fis prier de venir dans ma chambre, où il n'étoit pas entré depuis quatre jours : il y vint ; je me plaignis à lui du peu de ſoin qu'on avoit de moi : c'eſt que vous êtes un peu difficile, mon pere; me répondit-il : voilà la premiere fois que vous me le dites, lui repartis-je, & votre réponse m'étonne. Ce n'étoit pas trop la peine de m'envoïer cheroher pour me quereller, comme vous faites tout le monde, me dit-il là-dessus : on a soin de vous tout autant qu'on le peut; cependant vous vous plaignez toûjours. Que faire à cela ? tâchez de vous remettre quand votre santé sera meilleure, je vous conseille d'aller demeurer à la campagne, vous y serez plus tranquille qu'ici, vous y vivrez à votre fantaisie; je me trouve dans un genre de vie qui ne vous convient pas; & nous ne nous gênerons ni l'un ni l'autre.

Il sortit après ce discours pendant qu'un valet qui l'avoit entendu tournoit la tête pour rire & se mocquer de moi.

Le procedé de mon fils m'avoit frappé : l'action de ce valet me perça le cœur : je vis tout ce que j'allois devenir; je compris que je n'étois plus qu'un étranger dans la maison de mon fils, & qu'enfin lui & moi nous étions deux. Je fus encore quelques jours au lit, je me levai ensuite; mes forces revinrent un peu; je m'habillai du mieux que je pûs: on alloit dîner, j'entendis sonner, & j'appellai quelqu'un pour m'aider à descendre : on me répondit, mais personne ne vint; j'essaïai donc de descendre en me soûtenant avec ma canne, & j'étois déja à moitié de l'escalier, quand mon fils parut à la porte de son appartement.

Que faites-vous là? me dit-il d'un ton rude : Quelle fantaisie vous prend? j'ai du monde : êtes-vous en état de paroître? Avez-vous peur qu'on ne vous envoye pas à manger chez-vous? Remenez mon pere, ajoûta-t-il, en s'adressant à un valet de chambre, & puis il rentra; pour moi je restai immobile; & les larmes me vinrent aux yeux.

Ce valet de chambre fit semblant de m'aider à remonter, en me disant que j'étois encore verd pour mon âge : je ne répondis rien à la raillerie de ce domestique qui faisoit sa charge en m'insultant, la douleur me rendoit muet; je rentrai chez moi comme un homme qui ne sçait plus où il est : je me trouvai mal, & je demandai du vin; on ne m'en apporta qu'un quart d'heure après, avec un potage froid dont je ne goûtai pas, non plus que du reste de mon diner qui vint trop tard.

J'achevai la journée dans la plus accablante confusion de pensées qu'on puisse imaginer : mes soupirs à tout moment se confondoient avec mes pleurs : où irai-je ! disois-je, je n'ai plus rien qui soit à moi ! Je me suis dépoüillé de tout !

Cependant je résolus en me couchant, de sortir le lendemain de chez mon fils; je ne pouvois plus y respirer, j'y expirois; je me proposois d'aller trouver un de nos amis, de lui confier ma situation, de le prier de me secourir; de me donner un conseil dans mon affliction. Dans ce dessein je me levai le lendemain plûtôt qu'à mon ordinaire, & je m'habillai.

Aparament qu'on alla le dire à

mon fils, car il entra dans ma chambre au moment où j'allois sortir. Où allez-vous, mon pere, me dit-il; chercher lui repondis-je, quelque ami charitable qui me donne du pain de bonne grace. Vous sçavez que je n'en ai plus, ma tendresse pour vous m'a tout ôté. Quel raisonnement, me répondit-il; que les gens de votre âge ont de caprices, vous voilà donc bien scandalisé de ce que je vous ai dit hier au matin. Mon fils, repartis-je, je suis assés consterné, laissez-moi aller sans me repondre, vous n'êtes plus en état de me parler; toutes les paroles que vous prononcez, sont autant de coups de poignard, pour moi, vous n'en connoissez pas la force, elles me tuent. Finissons toutes ces explications, dit-il alors avec vivacité : vous avez tort, mon pere, il est mille choses que vous auriez pû vous dire à vous-même; vous êtes dans un âge avancé : vous avez presque toûjours vêcu dans une petite Ville de Province, & vos idées, vos manieres de faire, vos usages sont si differens de ce qui ſe paſſe dans le monde, que vous auriez dû vous dégouter le premier de la compagnie de ceux qui viennent ici; mais vous ne ſentez point cela,& je le ſens moi. Le bel agrément pour votre fils, que de vous voir converſer avec gens d'un certain rang, polis & délicats, que vous faites rire, & à qui votre ſimplicité donne la comedie, voilà pourtant ce que c'eſt, penſez-vous que cela me ſoit fort avantageux. Je ſuis un homme de fortune, n'eſt-il pas vrai, eh bien à quoi bon l'apprendre à ceux qui ne le ſçavent pas: c'eſt cependant ce qui ſaute aux yeux dés qu'on vous voit; & malgré cela, vous avez la manie de vouloir toûjours vous montrer: ainſi ne nous querellons point, mon pere, il n'eſt pas neceſſaire d'aller rompre la tête à perſonne de vos plaintes, je vais donner ordre qu'on vous conduiſe dès ce moment à ma Maiſon de Campagne, vous y ſerez le maître & dans votre centre; de tems en tems j'irai vous voir, & rien ne vous manquera: adieu je vous quitte, vous allez partir. & moi je vais sortir pour mes affaires.

C'est ainsi, Monsieur, que mon fils se separa d'avec moi : il me quitta sans m'embrasser, sans qu'il lui échapât le moindre mot de douceur que celui de pere que sa bouche prononçoit, & que son cœur ne sentoit pas ; il se retira sans être touché ni de l'abattement où il me laissoit, ni du triste silence que je gardai, ni des larmes qu'il vit couler de mes yeux : ensuite on vint emporter mes hardes, on me dit de descendre, & je fus mis, presque sans sentiment, dans une chaise qui me conduisit à cette campagne, où je languis depuis près de deux ans, où mon fils n'est point venu comme il me l'avoit promis, enfin où je vis dans une privation entiere de toute consolation, & souvent même de toutes les choses necessaires à la vie.

MONSIEUR LE SPECTATEUR ;

Zelé comme vous l'êtes pour le

Public, je ne doute pas que vous ne lui fassiez un present de ma Lettre : elle sera très-courte ; & j'y donne le secret de se faire payer de certains débiteurs qui sont trés-honnêtes gens, trés-genereux, & les meilleurs cœurs du monde ; mais qui dans le cas dont il s'agit, ont une bizarerie d'humeur, qui leur ôte l'usage de leur bon caractere, c'est qu'ils ne peuvent se resoudre à payer leurs dettes : Empruntez d'eux, vous ne sçauriez leur faire un plus grand plaisir : Demandez-leur ce qu'ils vous doivent, il n'y a plus personne : Vous les glacez ; les voilà perclus de tout sentiment. Quest-ce que c'est que l'homme! quel assortiment de vices comiques, avec les plus estimables vertus! mais ce n'est point mon affaire que de reflechir là-dessus. Je dirai seulement que nous sommes des animaux bien singuliers : Bref, il n'y a que trois heures que j'avois un de ces débiteurs, dont je parle. Il me devoit depuis deux ans une somme assez considerable : Je l'ai prié en deux occaſions de s'acquitter : Neant, il m'a toûjours remis, & moi j'ai toûjours patienté, parce que je connoiſſois mon homme, & l'infirmité de ſon caractere à cet égard-là : Je ſçavois bien qu'il n'y avoit point de mauvaiſe volonté dans ſon fait : or hier il m'eſt ſurvenu une petite affaire dans laquelle il me faut de l'argent : ſi je vais propoſer à un tel de me payer ais-dit ce matin en moi-même, il me ſemble que je l'entens, je n'ai pas un ſol, me répondra-t-il. Comment ferai-je, la néceſſité donne de l'induſtrie ; là-deſſus continuant à me parler, j'ai dit, mon homme ſe déplaît à rendre, c'eſt un grand deffaut, mais il aime à prêter, c'eſt une fort belle qualité : eh bien dequoi m'embaraſſai-je, ſa bonne qualité va me faire raiſon de ſon défaut : allons, allons, mon argent eſt dans ma poche ; En effet j'ai prié un de nos amis communs d'aller lui emprunter juſtement ma ſomme, il y eſt allé tout en riant de mon idée ; il a executé ſa commiſſion. Je n'ai ici que les deux tiers de cet argent, mais prenez toûjours, dans un instant je vais vous envoyer le reste, lui a dit l'autre d'un air aisé : là, de cet air noble qui met l'obligation qu'on va nous avoir sur le pied d'une chose indifferente, & tout à fait naturelle : Adieu mon ami, a-t-il ajoûté d'une façon distraite, vous allez recevoir le surplus : Notre ami est venu m'apporter l'argent, nous sommes allés chez lui, où le reste étoit déja arrivé : & moi du même pas j'ai été chés mon débiteur lui rendre son billet, en lui aprenant ma petite intrigue, & je l'ai laissé tout consterné de n'avoir fait qu'une restitution au lieu d'avoir rendu un service gratuit : le pauvre homme!

QUINZIEME FEUILLE.

IL y a quelque tems que j'achetai dans un Inventaire, une assez grande quantité de Livres : ils avoient appartenu à un Etranger qui étoit mort à Paris. En les plaçant dans ma

Bibliotequc, il tomba d'un gros volume, un petit cahier de papier. Je le ramassai, curieux de sçavoir ce qu'il contenoit : je vis qu'il étoit en langue Espagnole, & qu'il avoit pour titre : *Continuation de mon Journal.* Je le lûs aussi-tôt, il me fit assez de plaisir : je l'ai traduit en François, & c'est aujourd'hui cette traduction que je donne.

Du Lundi septiéme Février, à Paris : troisiéme jour de mon arrivée.

CE matin j'ai ouvert ma fenêtre entre onze heures & midi ; à l'instant où je l'ouvrois, il est venu un grand coup de vent ; j'allois me retirer, car la place ne me paroissoit pas tenable ; & voïez ce que c'est, j'aurois perdu une leçon de morale. Ce vent m'a fait faire une découverte, il m'a apris qu'il mettoit beaucoup d'hommes dans une situation que j'avois toûjours crû indifferente, & qui cependant les rend à plaindre. Que de peines dans la vie. Helas ! je n'ignorois pas que le vent causoit bien des malheurs, qu'il abattoit des maisons, déracinoit des arbres, qu'il couchoit les bleds à terre, sans parler des ravages qu'il fait sur mer. Je ne mets point en ligne de compte la poussiere dont il aveugle, les chapeaux qu'il enleve de dessus la tête, & voilà tous les tristes effets que je lui connoissois. Point du tout; avec cela, il peut encore affliger les hommes personnellement, il chagrine leur amour propre. Voici comment. Comme j'allois fermer ma fenêtre, j'ai vû passer trois ou quatre jeunes gens dont les cheveux étoient frisés, poudrés, accommodés avec un art, dont il n'y a que le François qui soit capable : vous auriez dit que c'étoit l'Amour même qui avoit mis la main à ces cheveux-là. L'air ne paroissoit d'abord agité d'aucun zephir; & sur la foi de ce calme perfide, ces pauvres jeunes gens marchoient lestes : ils joüissoient en pleine securité de la beauté de leur chevelûre, & de la poudre qui l'ornoit: mais qu'en ce monde nos plaisirs sont de courte durée. Ces jeunes gens étoient contens, crac, une persecution survient, les voilà dans l'embarras, le vent souffle & les prend à l'oreille gauche: Eh vîte, ils se baissent, ils se tournent, ils appellent cent differentes postures au secours de ce malheureux côté que le vent insulte. Quel état douloureux! il me touchoit: j'étois fâché de m'être mis à la fenêtre, je combattois contre le vent avec eux, mais il triomphoit: tout alloit en désarroi dans le côté qu'il attaquoit: bien-tôt il attaque de front, ensuite il fait le cercle autour de la tête; là voila martyrisée, tout est perdu. Oh pour lors, ces jeunes gens se sont mis à disputer si peniblement, le peu de poudre & d'arrangement qui leur restoit, que je n'ai pû y tenir davantage. J'ai repoussé la fenêtre & me suis assis le cœur tout serré de l'affliction où je les laissois.

Mon Hôtesse est entrée un moment après, & je n'ai pû m'empêcher de lui demander pourquoi ceux que je venois de voir avoient tant souffert: C'est m'a-t'elle répondu, que ces Messieurs sont galants: qu'ils voïent des femmes, & qu'un homme dépoudré n'a plus bonne mine. Comment, ai-je dit, ces Meſſieurs ne plairont d'aujourd'hui, d'aujourd'hui ils ne ſeront aimables, il ne diront rien de joli? Ah vent cruel! mais auſſi de quoi ſe ſont aviſées les Dames d'ici, de regler leur bienveillance ſur le plus ou le moins de poudre qu'un honnête homme peut ſauver de la fureur du vent. Que diantre, ſur ce pied-là, que n'a-t-on imaginé des machines où l'on puiſſe enfermer ſon chef. N'eût-on qu'une cour à traverſer, n'en eſt-ce pas aſſez pour devenir inhabile à plaire? Qui pourra ſe flatter de porter ſa tête avec tous ſes agrémens chez une femme?

Mon Hôteſſe eſt ſortie en riant de mes diſcours : enſuite deux de mes amis ſont venus pour m'emmener dîner chez une Dame Françoiſe; mais quoi que nous dûſſions monter en Caroſſe, j'ai ſongé que le vent continuoit, qu'il ne falloit qu'un malheur pour me voir abandonné de ma poudre, & comme on venoit de m'en dire les conſequences, je n'ai point voulu riſquer d'arriver chez des Dames, plus laid que je ne ſuis naturellement. J'ai remercié mes amis, ils ſont ſortis, & j'ai gardé la chambre toute la journée, ſans oſer me remettre à la fenêtre, de peur de voir encore quelque ame en peine pour la diſgrace que je venois de plaindre.

Il eſt cinq heures du ſoir, je quitte un Livre que j'ai trouvé ici ſur des Tablettes, & qui ne contient que des ſermons; j'en viens de lire un qui combat l'Orguëil. Ma foi, il faut que la vertu contraire ſoit d'une pratique bien difficile : Imaginez-vous que c'eſt la vanité de bien dire, qui a aidé au Prédicateur à prouver qu'il falloit avoir le cœur humble, auſſi le ſermon eſt-il fort beau. Il eſt vrai qu'en le liſant, je n'ai pas été un moment tenté de la vertu qu'on y prêche : mais en revanche je l'ai trouvée très-élegamment prêchée. Ajuſtez cela comme vous pourrez; je vous rends compte de mes impreſſions, & ſi celui qui a fait le Sermon les ſçavoit

voit, je ſuis perſuadé qu'il ſeroit content de moi : Je l'admire, il ſe paſſera bien que je me convertiſſe. A vous parler franchement, je ne ſuis pas étonné, du peu d'effet des prédications : la plûpart ne ſont que des pieces d'éloquence, où le Prédicateur nous exhorte bien moins à devenir Penitens, qu'à le trouver habile.

Je me ſouviens qu'un jour j'étois dans une petite Egliſe où prêchoit un bon Religieux, on ne l'eſtimoit pas beaucoup car il n'avoit que du zele, ce bon homme monta en chaire, il prêcha, & je me rapelle à cette heure qu'il prêcha mal, je veux dire qu'il n'étoit pas habile homme.

Cependant je l'écoutai, je ne pûs m'en empêcher, il gagna mon attention, ſans que je m'en aperçûſſe. Je ne ſongeai pas ſeulement s'il y avoit de l'eſprit au monde, le mien ſe familiariſa je ne ſçai comment avec la ſimplicité du ſien, moi qui n'étoit pas devot, je m'intereſſois à tout ce qu'il diſoit, cela me regardoit, il traitoit de mes affaires, il parloit comme un homme qui vous apporte la verité, comme un homme qui la croit, & qui ſans y emploïer d'art inutile, n'a d'autre ſecret pour vous perſuader de ce qu'il dit, que d'en être perſuadé lui-même. Vous ne ſçauriez croire combien ce ton là eſt inſinuant, cela reſſemble aux entretiens interieurs que nous avons avec nous mêmes, quand nous réflechiſſons ſur quelque choſe qui nous importe. Vous ſentez bien que nous n'y cherchons pas de façon, & que nous ne voulons alors ni briller, ni nous trouver de l'eſprit : Nous voulons ſimplement voir, connoître & nous déterminer. Eh bien ! ce que diſoit ce bon Religieux étoit de ce genre-là, cela imitoit tout naturellement notre façon de penſer alors. Enfin, il penſa me convertir, mais je n'achevai pas de l'entendre, car une perſonne de ma connoiſſance m'emmena.

On frappe à ma porte ; c'eſt une viſite qui me vient : quand elle ſera finie, je vous dirai ce que c'eſt.

Me voilà ſeul, celui qui vient de ſortir eſt un jeune homme qui parle beaucoup, qui s'estime tant, qu'il ne peut s'en taire. Il seroit bien mortifié qu'on le soupçonnât de vouloir se loüer, & pourtant il veut faire son éloge; desorte que tout son embarras, est de l'ageancer dans ce qu'il dit : de façon qu'il s'y trouve sans qu'il paroisse qu'il y ait de sa faute; mais il manque toûjours son coup, toûjours il y a de sa faute. Enfin c'est de lui que je sçai qu'il est bien fait, qu'il est beau, qu'il est adroit, qu'il a plus d'esprit qu'un autre, qu'il est couru des femmes, & peut-être dit-il vrai dans ce dernier article. Je l'en croirois volontiers sur le caractere qu'il m'expose : il est plein de lui-même, il a du caquet, il se dit persecuté de bonnes fortunes, il ment joliment à son honneur & gloire : Oh parbleu voilà de grands avantages avec les femmes du Païs! vous m'avoüerez que c'est-là du merite, non pas du merite effectif & vrai, il ne vaudroit rien celui-là, mais de ce merite badin, comment vous diraije, de ce ridicule galant, enfin de ce merite impertinent qui agace une femme qui veut plaire, non qu'on ne critique un pareil homme, & qu'on ne doute quelquefois qu'il soit aussi aimable qu'il croit l'être : Mais qu'il le soit ou non, il a toûjours cela d'heureux qu'il y gagne une reputation à la verité équivoque, mais c'est toûjours une reputation, on parle de lui : Eh quel honneur n'est-ce pas pour une femme, que de fixer un pareil homme! A la verité en le voulant fixer, il peut bien arriver qu'elle se fixe elle-même. L'ambition d'être aimée joüe souvent de mauvais tours aux femmes, ainsi notre jeune homme pourroit bien en être aussi couru qu'il le dit.

Quoi qu'il en soit, il n'a tenu qu'à moi de le regarder comme un petit prodige. Vain comme il est, si je lui montrois son portrait tel qu'il me l'a fait, il s'évanouiroit j'en suis sûr; car il n'y a point d'homme plus honteux de se trouver fat, que le fat même quond il est pris sur le fait.

Sur la fin de notre conversation, il a vû sur ma table ce livre de sermons dont je vous ai parlé : j'ai jugé tout d'un coup que j'allois recevoir de sa part quelque raillerie là-dessus : Oh, oh, m'a-t-il dit, vous êtes un excellent chrétien : je vous en fais mes complimens : Eh, ne l'êtes vous pas aussi, vous, ai-je répondu : sans difficulté je le suis, m'a-t-il reparti : mais parbleu vous êtes bien un autre homme que moi. Comment? lire des sermons, y mediter : oh, je n'irai jamais jusques-là. Vous le prenez sur un ton assez indevot, lui ai-je dit. Indevot s'est-il écrié, la réflexion est austere ; Je crois qu'effectivement vous avez raison, je ne suis pas devot, vous m'y faites penser, je le deviendrai, c'est une obligation que je veux vous avoir, mon Cher. Croiez-vous, lui ai-je dit, qu'il ne faille pas l'être. Je vous avouërai, a-t-il repris, que je ne suis pas tout-à-fait de l'humeur de ces bonnes gens qui croient tout, sans trop sçavoir pourquoi. Fort bien lui ai-je dit, mais j'ai un petit mot à vous répondre : Ces gens-là, dites-vous, croïent tout sans sçavoir pourquoi : & vous, ſçavez-vous mieux pourquoi vous ne croiez pas. Ah, ah, ſi je le ſçai, m'a-t-il repondu; vous vous divertiſſez, ſans doute, (& cela étoit vrai) oui, Mr, je le ſçai : je raiſonne quelque fois, j'ai des principes. Moi là-deſſus, curieux du ſyſtême étourdi, que pouvoit s'être fait un homme qui n'avoit aſſurément pour toute philoſophie, qu'un peu de libertinage, beaucoup de vanité, & force ignorance, j'ai fait ſemblant de le combattre ſerieuſement pour l'agacer; & en effet le ſyſtême eſt venu, & ce ſyſtême, qui étoit ſa créance, c'étoit un compoſé de lieux communs, de bribes d'opinions qu'il avoit apparamment retenuës de la converſation de quelque eſprits, qui ſe donnent pour eſprits forts. Je mourois d'envie de rire, mais je n'ai point voulu fâcher ce Philoſophe, dont les raiſons étoient à l'abri de toute critique, & devenoient inconteſtables par le peu de logique qu'il avoit ſoin d'y obſerver.

Je parlois tout à l'heure des prédications, mais fussent-elles aussi persuasives qu'elles le devroient être, je ne sache rien qui pût mieux établir la Religion, rien qui servît tant à la foi, que de faire prêcher à un docteur de cette espece-là son incredulité même, peut-être l'incredulité des plus forts esprits, seroit-elle encore plus efficace, ce qui est de sûr, c'est qu'elle ne nuiroit pas.

Quand j'ai vu que mon homme avoit fini; en verité, mon cher Monsieur, lui ai-je dit, vous vous mocquiez tout-à-l'heure, de la credulité des bonnes gens, mais si vous croyez à votre systême, vous n'avez rien à leur reprocher, je vous garentis plus crédule qu'eux; je vois bien que ce n'est pas le défaut d'évidence qui vous empêche d'ajoûter foi à de certaines choses, car je ne pense pas que vous voiez plus clair dans celles que vous croyez. A ce discours, il s'est levé d'un air distrait, en ajoûtant, chacun a sa façon de voir; franchement, ai-je répondu, je comprens bien qu'avec la vôtre, on marche hardiment dans les tenebres.

Quelques complimens assez froids ont terminé notre scene, & il est parti, mais on m'annonce qu'il est tems de souper, bon soir je me coucherai de bonne heure.

Du Mardy huitiéme Fevrier.

Les Amans à belle chevelure auront été charmans aujourdhui, car il a fait le plus beau tems du monde, & le plus calme. Il est huit heures du soir, j'arrive de chez ce Seigneur dont je dois tirer les appointemens que m'a promis la Cour de Madrid pour mes voyages, je vous ai déja dit que c'étoit un glorieux, d'une humeur hautaine, qui abuse du besoin qu'on a de lui, & devant qui il faut remper pour l'avoir favorable : chacun a son caractere, il y a des gens qui ne sont pas dans le goût d'être aimés, une reconnoissance vive & respectueuse ne les pique point, si l'on ne les craint pas, si la haine qu'on a pour eux ne desavoüe

voüe pas les soumissions qu'on est obligé de leur faire, & ne les rend pas douloureuses, ils ne sont point contens, ils ne priment point sur vous, ils ne joüissent point de leur autorité, ils préferent en vous une inimitié qu'ils forcent à se taire, à des sentimens d'estime & d'amitié, qui les honoreroient.

la premiere fois que j'ai vû celui dont je vous parle, c'étoit à Bayonne, il me traita si cavalierement que je me révoltai, & suivant les principes de l'orgüeil humain je ne crûs pas qu'un homme d'honneur, & né quelque chose, pût se laisser brusquer sans s'en ressentir; vous jugez bien que je ne le disposai pas à me rendre service. Pour me punir, il a tâché depuis de faire réduire mes appointemens à la moitié, & il y a reüssi; je ne l'ai sçû que ce matin: d'abord j'en ai été au désespoir, il m'est venu cent fois dans l'esprit de tout abandonner, mais comme il s'agit d'un interêt de consequence, puisque j'ai compté sur la somme considerable qu'il ne tient qu'à lui de me faire toucher ici, & qu'étant étranger dans le païs, je ne trouverois point de ressource. La raison m'a donné de plus sages avis, je me suis résolu d'aller trouver mon homme, vous allez croire que pour cela j'ai sacrifié ma fierté, point du tout, je n'aurois jamais pû faire ce sacrifice-là, mais j'ai trouvé moyen de tout ajuster : mon amour propre s'est secouru, & vous allez voir son expedient, il est curieux : il faut que je vous en instruise, il poura même vous servir dans le besoin.

Je me suis donc dit, qu'est-ce que c'est, de quoi s'agit-il, je ne veux point aller voir cet homme parce qu'il est superbe, qu'il veut qu'on soit bas & rempant avec lui, & que moi je ne veux pas l'être; eh, pourquoi ne le veux-je pas, puisque c'est le moyen de captiver ses bonnes graces qui me sont nécessaires? quel inconvenient y aura-t-il à flater sa foiblesse, tout aussi peu qu'il y en a, à appaiser un enfant qui crie, & dont le bruit vous importune, & cependant j'ai peur que ce ne soit m'abaisser? Eh, quoi la petitesse des hommes mérite-t-elle qu'on lui fasse l'honneur de s'en piquer? n'est-ce pas l'estimer ce qu'elle vaut que d'en avoir compassion? je veux être fier, eh la véritable fierté n'est-elle pas d'être raisonnable! Allons, partons, mes dégouts étoient ridicules.

Cette exhortation faite, j'ai pris ma secousse, & suis arrivé chez celui dont il s'agissoit, il m'a regardé d'un œil brusque, mais fidele aux principes d'orgüeil, dont je venois de me munir, j'ai caressé l'enfant, je lui ai donné du sucre & des bonbons; je triomphois de me trouver si superieur à lui, & l'enfant s'est appaisé. Il faut l'avoüer dans le fonds, les orgüeilleux quand on le veut sont les meilleurs gens qu'il y ait, les créatures du monde les plus faciles, que vous dirai-je; demain je recevrai tout mon argent, mes appointemens seront augmentés, mon homme m'offre un appartement chez lui, il m'a embrassé, je le haïssois, je l'aime, & nous

nous aimons : oh parbleu qu'il me vienne à present des orgüeilleux, je les attends avec ma fierté.

SEIZIE'ME FEUILLE.

VOici la suite du Journal espagnol que j'ai traduit : Je crois que ce qu'il en reste suffira pour remplir cette Feüille.

Du Mercredi neuviéme Fevrier.

JL est onze heures du soir; je viens de souper en Ville, j'ai diné en compagnie & j'ai bien vû des choses aujourd'hui.

Je commencerai par vous dire, que ce matin j'ai été recevoir de l'argent, que devoit me donner un Bourgeois de Paris, Bourgeois riche & distingué; j'étois accompagné d'un de mes amis qui le connoit, & qui, en m'y conduisant, m'a dit qu'il étoit le mary d'une très-belle femme; qu'ils s'étoient épousés par inclination, que cependant ils ne vivoient pas à present avec beaucoup de douceur ensemble, & qu'ils paroissoient ne se gueres soucier l'un de l'autre. Nous sommes arrivés chez mon homme en discourant là-dessus, & l'on nous a fait entrer dans une Chambre, où d'abord nous n'avons trouvé que la femme, elle alloit se sauver pour n'être point vûë, mais elle n'en a pas eû le tems; il a fallu se montrer: Nous l'avons saluée, elle étoit embarrassée & honteuse, sans doute à cause que nous la trouvions dans un negligé des plus negligés, tranchons le mot, dans un negligé malpropre: aussi il falloit voir comme elle se montroit de côté, comme ses mains travailloient machinallement après sa robbe, après sa coëffure, pour en diminuer le desagrément, pour leur faire trouver grace devant nos yeux; après cela c'étoit de ses mains dont elle rougissoit, parce qu'elles n'étoient pas en état: Ensuite venoit la confusion d'avoir des bras trop longs par le defaut d'engageantes: ensuite je la voyois en peine pour une paire de mules qui deshonoroient son pied ; elle succomboit sous tant d'embarras. La pauvre femme nous parloit, mais quoique je ne l eusse vûë que cette seule fois, il me sembloit qu'elle n'avoit ni son esprit ni son ton de voix : Non, ce n étoit point-là elle én tout : c'étoit, si vous voulez, ses yeux, sa taille & son visage ; mais des yeux qui n'osoient regarder, une taille qui n'osoit se faire valoir, un visage qui n'osoit se montrer : En effet une belle femme qui n'a point encore disposé ses attraits, qui n'a rien de preparé pour plaire ; quand on la surprend alors, on ne peut pas dire que ce soit veritablement elle ; Du moins par sa façon de faire, vous dit-elle. ce n'est pas moi : cela me ressemble en laid ; mais vous ne me voyez pas encore : attendez, je ne suis qu'ébauché, deux heures de toillette m'achevront, après quoi, vous me jugerez : Oh ! la crainte qu'elle a que vous ne la jugiez par avance, déconcerte aussi son esprit.

Pour moi, mon cher, malgré l'embarras de cette Dame, je l'ai beaucoup examiné, & je vous avouë qu'elle doit être une des plus aimables femme du monde, quand elle veut l'être, car j'ai deviné ses charmes plus que je ne les ai vûs: Je ne l'aimois point du tout comme elle étoit, mais elle me plairoit beaucoup comme elle peut devenir.

Enfin pour le soulagement de sa vanité, son mari est venu, & tout en entrant lui a fait une brusquerie pour je ne sçai quelle-bagatelle de ménage dont je ne me souviens plus, & elle s'est retirée en lui répondant à l'avenant de ce qu'il lui disoit: Pour lui, c'étoit un homme encore jeune, d'assez bonne mine; mais dans un deshabillé d'une malpropreté si dégoutante, qu'il faut assûrément qu'il l'ait étudié pour y parvenir, ou qu'il ait un dessein formel de déplaire à sa femme; ce dont sa femme se vange en lui rendant la pareille: Il a pourtant de l'esprit & de la politesse, & je suis persuadé qu'il est homme aimable hors de chez lui : J'ai reçû mon argent, & nous nous en ſommes enallés.

Je comprens bien que ces deux perſonnes-là ont pû s'aimer, quand elles ſe ſont mariées, ai-je dit à mon ami ; pour ſe plaire elles n'ont eû qu'à vouloir ſe rendre agréables ; avec cette attention reciproque, elles méritoient d'être aimées l'une de l'autre : Vous me dites qu'aujourd'hui ces gens-là ne s'aiment plus, c'eſt qu'ils ne le méritent plus ! Que dis-je s'aimer, ils ſeroient heureux de ne ſe ſentir qu'indifferens ; encore entre époux ſe ſauve-t-on avec de l'indifference l'un pour l'autre ; mais ceux-là doivent ſe haïr, ſe trouver pis que laids, oüi ſur ma parole ils ſe voyent avec dégoût : Vous penſez donc, m'a répondu mon ami, que le mariage produit d'étranges effets ? Point du tout, ai-je repris, ce n'eſt point au mariage à qui je m'en prens, ce n'eſt point lui qui fait ſucceder ce dégoût à l'amour : Il y-a des amans qui s'aiment depuis dix ans ſans ſe perdre de vûë : Qu'arrive-t-il ? quelque fois leur amour eſt tiede, il dort de tems en tems entr'eux, par l'habitude qu'ils ont de ſe voir ; mais il ſe réveille, il reprend vigueur, & paſſe ſucceſſivement de l'indolence à la vivacité : Pourquoi n'eſt-ce pas de même dans le mariage ? Seroit-ce à cauſe qu'à l'Autel on a juré de s'aimer ? bon, eh, que ſignifie ce ſerment-là ? rien, ſinon qu'on s'oblige d'agir exactement tout comme ſi on s'aimoit, quand même on ne s'aimera plus ; car à l'égard du cœur, on ne peut ſe le promettre pour toûjours, il n'eſt pas à nous, mais nous ſommes les maîtres de nos actions, & nous les garentiſſons fidelles, voilà tout ; reſte donc ce cœur dont l'amour doit toûjours piquer, parce que cet amour eſt toûjours un pur don, parce que des époux ont beau ſe le promettre, & qu'ils ne peuvent ſe le tenir, qu'autant qu'ils prendront ſoin de ſe le conſerver par de mutuels égards : ainſi des époux ne ſont préciſement que des amans heureux qui ne doivent point s'attacher ailleurs, mais qui malgré le mariage peuvent toûjours rester glorieux & jaloux de l'honneur & du plaisir de se plaire; en ce que ce n'est pas le nœud qui les unit, mais seulement le goût qu'ils ont l'un pour l'autre, qui les rend mutuellement aimables; & comme je vous ai déja dit, leur devoir est de se comporter en Amans, mais ils ne sont pas réellement obligés de l'être : De sorte que quand ils cessent de s'aimer, c'est un Amant qui n'est plus aimable aux yeux de sa Maîtresse, c'est une Maîtresse qui n'a plus de charmes pour son Ammant : Et cela devroit humilier, ce me semble; je ne puis comprendre comment l'amour propre ne regarde pas cela comme une diminution de ses avantages, comment il ne songe pas à s'en épargner l'affront, car c'en est un tout de même qu'entre Amans que le mariage n'a point unis; c'est positivement la même chose. Quoi nous qui nous estimons tant, & presque toûjours mal-à-propos : nous qui avons tant de vanité, qui aimons tant à voir des preuves de notre mérite, ou de celui que nous nous suposons; faut-il que sans en devenir ni plus loüables, ni plus modestes, nous cessions d'être orgüeilleux & vains dans la seule occasion peut-être où il va de notre profit & de tout l'agrément de notre vie à l'être. Des gens s'épousent, ils s'adorent en se mariant, ils sçavent bien ce qu'ils ont fait pour s'inspirer mutuellement de la tendresse, elle est le fruit de leurs égards, de leur complaisance & du soin qu'ils ont eû de ne s'offrir de part & d'autre que dans une certaine proprieté qui mit leur figure en valeur, ou qui du moins l'empêcha d'être désagréable, ils ont respecté leur imagination qu'ils connoissoient foible & dont ils ont craint, pour ainsi dire, d'encourir la disgrace, en se presentant mal vêtus: Que ne continuënt-t-ils sur ce ton-là, quand ils sont mariés; & si c'est trop, que n'ont-ils la moitié de leurs attentions passées, pourquoi ne se piquent-t-ils plus d'être aimés, quand il y a plus que jamais de la gloire & de l'avantage à l'être.

Ne feroit-il pas bien flateur de fe dire, à prefent, je fuis jour & nuit avec ma Maîtreffe, jour & nuit avec mon Amant; cependant elle m'aime, malgré l'habitude qu'elle a de me voir à tout moment : Cependant il m'aime, quoiqu'il n'ait plus la peine de me chercher, fa tendreffe refifte au commerce continuel que nous avons enfemble, fon amour foûtient la neceffité de nous voir.

J'en étois là de mes reflexions, quand mon ami s'eft mis à rire de tout fon cœur de la vivacité avec laquelle je les faifois : C'eft bien dommage m'a-t-il dit, que vous n'ayez que moi pour témoin de vos difcours édifians, je n'ai pas le tems d'achever de les entendre, & j'en fuis fâché, mais j'ai affaire, adieu; là-deffus il m'a quitté, & moi en attendant l'heure de dîner, j'ai été aux Thuilleries, & me fuis promené dans une allée des plus écartées.

A peine y avois-je fait un tour que j'ai entendu dans un bosquet deux personnes qui se parloient d'une voix assez élevée, & qui sembloient se quereller : J'ai distingué la voix d'une femme, & cela m'a donné la curiosité d'écouter : Vous pouvez en être sûr, disoit-elle, je perdrai votre Maîtresse de réputation, j'en ai les moyens, je la connois, je sçai de ses avantures ; Vous la perdrez de réputation, Madame, a répondu le Cavalier, (car c'en étoit un,) ma foi je vous en défie, je ne crois pas qu'elle en ait a perdre ; cependant ne l'irritez pas ; Vous sçavez de ses avantures, dites-vous, mais elle sçait des vôtres & vous seriez à deux de jeu : Vous parlez en malhonnête homme, a-t-elle reparti, & vous abusez des sentimens que je vous ai montrés : Ma foi Madame, a-t-il dit, je n'ai pas crû la chose si serieuse entre vous & moi, nous nous sommes plûs, il est vrai, vous m'avez fait l'honneur de me trouver de votre goût, vous étiez fort du mien, je vous ai confié mes dispositions, vous m'avez dit les vôtres ; nous n'avons jamais fait mention d'amour durable, si vous m'en aviez parlé, je ne demandois pas mieux ; mais j'ai regardé vos bontés pour moi comme les effets d'un caprice heureux & passager, je me suis reglé là-dessus ; le hazard m'a fait connoitre la Dame en question, ce qui m'est arrivé avec vous m'arrive avec elle ; autre caprice dont je profite, il n'y a pas là dequoi vous fâcher, elle n'a pas l'air de m'aimer autrement que vous avez fait, & je l'imiterai exactement : Ainsi vous me querellez pour une bagatelle : sortons votre Carosse vous attend, il commence à faire chaud, nous nous reverrons un de ces jours, notre conversation sera plus douce, cet amour exact & serieux vous sortira de l'esprit, & nous nous aimerons sans tant de façon comme à l'ordinaire.

Je ne sçai point ce que la Dame a répondu à ce discours comique où il n'entroit pas beaucoup d'estime pour elle : Mais j'ai crû qu'ils m'apercevoient, & je me suis éloigné, en faisant ma reflexion à mon ordinaire : La voici.

Autrefois quand un amant cessoit d'aimer une maîtresse, c'étoit un infidele, mais un infidele qui la respectoit : Aujourd'hui lorsqu'un homme quitte une femme, ce n'est qu'un vicieux qui la méprise, c'est-à dire, que l'amour tel qu'il est à present, fait plus de honte & moins de plaisir : A quoi donc songent les femmes de l'avoir mis dans cet état-la, car c'est leur faute, & non pas la nôtre : c'est d'elles que l'amour reçoit ses moeurs ; il devient ce qu'elles le font.

J'ai eû encore bien d'autres idées sur ce chapitre-là ; mais midi a sonné, & je me suis rendu vîte dans l'endroit où je devois dîner.

J'ai trouvé plusieurs convives chez celui qui nous avoit invité : il y a quatre enfans, j'en sçai le compte bien exactement, car le pere & la mere les ont tous fait passer en revûe devant nous : l'un est un jeune homme de dix-sept à dix-huit ans, qui ſort du College. Je ne lui ai pas entendu prononcer un mot, tant que le pere a été avec nous : il n'a parlé que par reverences, à la fin deſquelles je voyois qu'il regardoit timidement ſon pere, comme pour lui demander ſi en ſaluant, il s'étoit conformé à ſes intentions. Le pere a diſparu pour quelques momens; javois bien jugé que ſa preſence tenoit l'ame de ce jeune homme captive, & j'étois bien aiſe de voir un peu agir cette ame quand elle étoit libre, quand on la laiſſoit reſpirer : De ſorte que j'ai interrogé ce fils, d'un air d'amitié. Le pauvre enfant par la volubilité de ſes réponſes, a ſemblé me remercier de ce que je lui procurois le plaiſir de parler. Il ſe preſſoit de joüir de ſa langue, je ne ſçai comment il faiſoit, mais il avoit le ſecret de répondre à ce que je lui diſois, ſans qu'il ſe donnât le tems de m'écouter, car il parloit toûjours: il n'y a qu'un homme qu'on a depuis long-tems forcé d'être muet, qui puiſſe en faire autant. Il commençoit

mençoit un recit, quand le pere en toussant s'est fait entendre dans la chambre prochaine, le bruit de sa redoutable poitrine a remis la langue de son fils aux fers : J'ai vû la joïe, la confiance & la liberté füir de son visage, il a changé de phisionomie ; je ne le reconnoissois plus. Le pere est entré, & je riois de tout mon cœur, de ce qu'il ne sçait pas qu'il n'a jamais vû le visage de son fils. En verité il ne le reconnoitra pas lui-même, si jamais il le surprend avec la phisionomie qu'il avoit en me parlant : Oh je vous demande après cela, s'il y a apparence qu'il soit mieux au fait de son esprit & de son cœur.

Qu'un enfant est mal-élevé, quand pour toute éducation, il n'apprend qu'à trembler devant son pere : dites-moi quels défauts le pere pourra corriger dans son fils, si ceux qu'il a apportés en naissant lui sont inconnus & n'osent se montrer, si, pour ainsi dire, effrayés par son extrême severité, ils se sont sauvés dans le fonds de l'ame ; s'il n'a fait de ce fils qu'un esclave qui soupire après la liberté, & qui en usera comme un fou quand il l'aura.

Voulez-vous faire des honnêtes gens de vos enfans, ne soyez que leur pere & non pas leur juge & leur tyran : Et qu'est-ce que c'est qu'être leur pere ; c'est les persuader que vous les aimez : Cette persuasion-là commence par vous gagner leur cœur : Nous aimons toûjours ceux dont nous sommes sûrs d'être aimés ; & quand vos enfans vous aimeront : quand ils regarderont l'autorité que vous conserverez sur eux, non comme un droit odieux que les Loix vous donnent, & dont vous êtes superbement jaloux, mais comme l'effet d'une tendresse inquiete, qui veut leur bien : qui semble les prier de ce qu'elle leur ordonne de faire, qui veut plus obtenir que vaincre : qui souffre de les forcer, bien loin d'y prendre un plaisir mutin, comme il arrive souvent : Oh, pour lors vous serez le pere de vos enfans : ils vous craindrout, non comme un maître dur, mais comme un ami respectable, & par son amour, & par l'interêt qu'il prend à eux, ce ne sera plus votre autorité qu'ils auront peur de choquer, ce sera votre cœur qu'ils ne voudront pas affliger; & vous verrez alors avec quelle facilité la raison passera dans leur ame, à la faveur de ce sentiment tendre que vous leur aurez inspiré pour vous. Pardon, mon cher, de toutes mes reflexions: j'avois un pere qui m'apprit à reflechir, & qui ne prévoyoit pas que je dûsse un jour faire un Journal, & le gâter par-là.

Je vis encore deux petits enfans, de sept à huit ans chacun, & qui me parurent de très-jolies machines; je les appelle machines, parce qu'on les avoit seulement dressés à prononcer quelques paroles: comme, *je suis votre serviteur: Vous me faites bien de l'honneur, &c* ce qui ne me plut gueres: Eh, mon Dieu deussent les enfans ne répondre que des impertinences, laissons-leur avoir des pensées en propre: A quoi leur servent ce qu'ils repetent en perroquets. Ecoutons leur impertinences, & disons-leur après, ce n'est pas cela qu'il faut dire : Rien ne rend leur esprit plus paresseux que cette provision de petites phrases qu'on leur donne, & à laquelle ils s'attendent.

Nous dînâmes très-splendidement, & au sortir de table, on m'emmena à la representation d'une Tragedie. Je me trouvai auprès d'un homme qui la critiquoit, pendant qu'il larmoyoit en la critiquant : De sorte que son cœur faisoit la critique de son esprit. Deux Dames spirituelles lui répondoient de la bouche : Vous avez raison, & de leurs yeux pleurans, lui disoient : Vous avez tort. Moi-même, je l'avoüe, j'avois quelquefois envie de désapprouver des choses qui me faisoient beaucoup de plaisir. Si c'est un défaut que de plaire ainsi, je vous le laisse à juger : Mais pour moi, je crois que notre esprit n'est qu'un mauvais rêveur toutes les fois qu'en pareil cas, il n'est pas de l'avis du cœur.

DIX-SEPTIE'ME FEUILLE

LE Journal de mon Eſpagnol n'eſt pas encore fini, mais j'en remets la ſuite, & je la donnerai une autrefois : j'aime à varier les ſujets, & je crois que mes Lecteurs approuveront mon goût. Comme j'ai pris l'habitude de changer de matiere preſqu'à chaque Feüille, quelque jour je pourrai bien demeurer long-tems ſur le même ſujet, par raiſon de varieté encore, car l'uniformité eſt choſe neuve pour ceux qui n'y ſont pas accoûtumés: Voici maintenant ce dont il s'agit.

Je me trouvai l'autre jour dans le Cabinet d'une Dame dont je ſuis ami depuis plus de cinquante ans : j'ai même été autrefois piqué de belle tendreſſe pour elle, j'entens que j'ai eû de ces ſentimens qui aboutiſſent à faire dire des choſes bien tendres, de cela qu'on appelleroit en ce tems-ci élegie ou églogue ; enfin, de cet amour qui n'eſt qu'un ſoupir perpetuel, & qui viſe bien reſpectueuſement à ſurprendre une belle main qu'on baiſe avec un ragoût ſi raviſſant, qu'une femme en eſt toute honteuſe, à cauſe du plaiſir qu'elle vous y voit prendre.

Je ne ſçai de quoi cette Dame & moi, nous nous étions aviſés de traiter l'amour ſur ce pied-là : Car, dès-lors les ſentimens n'étoient plus à la mode, il n'y avoit plus d'amans, ce n'étoit plus que libertins qui tâchoient de faire des libertines : On diſoit bien encore à une femme, je vous aime, mais c'étoit une maniere polie de lui dire je vous deſire ; auſſi pour marquer qu'elle vous entendoit, une femme ſe montroit-elle plus ou moins ſage, ſuivant qu'elle ſe diſoit plus ou moins ſenſible : De ſorte que quand elle vous aimoit tout-à-fait, pour en faire foi, vous voyez bien à quelle preuve elle en étoit réduite : Elle n'avoit plus rien à perdre que ſon cœur, qu'elle accuſoit de tout, quoique le plus ſouvent il ne fût cauſe de rien, & qui à vrai dire, ne valoit pas la peine d'être regreté avec de pareilles maîtresses.

Quoiqu'il en soit, ce n'étoit pas ainsi que nous nous aimions la Dame dont je parle & moi, & je crois que nous y gagnions; car le vice a beau faire avec ses douceurs brutales & rassasiantes, outre qu'il tuë l'amour quand il s'y en trouve, c'est qu'il ne lui appartient pas de piquer l'ame, autant que peut la piquer un amour tendre & innocent de part & d'autre. Si l'on sçavoit bien ce que c'est que cet amour-là, quelles sont ses ressources, & le charme des progrès qu'il fait dans le fond de l'ame, combien il la penetre, & tient sa sensibilité en vigueur; en combien de façons délicieuses il la remuë: Si l'on sçavoit combien en mille momens avec cet amour-là, deux amans se trouvent grands, nobles & délicats; combien ils sont glorieux & contens de se trouver tels: si l'on sçavoit avec quelle satisfaction ils souffrent d'être sages, car on s'imagine qu'il n'y a point de plaisir à cela. On ſe trompe, la vertu dédommage de la peine qu'elle coûte, & de cette vertu on en devient alors tout auſſi amoureux que de la perſonne qu'on aime : on les confond toutes deux, ce n'eſt plus qu'un; cela ne fait-il pas un objet bien aimable? n'a-t-on pas bien du plaiſir à l'aimer, & par deſſus le marché, n'eſt-ce rien que l'honneur d'avoir une paſſion ſi diſtinguée, & d'en inſpirer une pareille? Eh, l'on a de la ſageſſe à l'envi l'un de l'autre pour ſe rendre à l'envi plus digne d'être aimé.

Mais moi, avec ma ſageſſe & ma vertu, je m'amuſe ici à des diſcours gaulois qu'on n'entendra pas, & qui me dérobent mon ſujet. Qu'ai-je fait de la Dame dont j'ai parlé d'abord, je l'ai laiſſée ce me ſemble, dans ſon cabinet, & moi avec elle.

Elle foüilloit dans un coffre, où je vis ſur un cahier de papier ces mots écrits de ſa main : *Mémoire de ce que j'ai fait & vû pendant ma vie.* Je me jettai ſur ce cahier, pour le

prendre

prendre, elle voulut me l'ôter, & comme je résistois, il nous en demeura à chacun la moitié : Sur le champ je pris le parti de m'enfuïr avec ma part, pendant qu'elle me poursuivoit en badinant pour la ravoir; mais je sortis tout en riant aussi, & j'allai chez moi voir ce que c'étoit, & voici ce que c'est, sans y changer un mot.

Mémoire de ce que j'ai fait & vû pendant ma vie.

J'ai soixante & quatorze ans passés quand j'écris ceci : il y a donc bien long-tems que je vis : bien long-tems, helas ! je me trompe, à proprement parler, je vis seulement dans cet instant-ci qui passe; il en revient un autre qui n'est déja plus, où j'ai vêcu, il est vrai, mais où je ne suis plus, & c'est comme si je n'avois pas été : ainsi ne pourrois-je pas dire que ma vie ne dure pas; qu'elle commence toûjours, ainsi, jeunes & vieux, nous serions tous du même âge : Un enfant naît en ce moment où j'écris, & dans mon ſens, toute vieille que je ſuis, il eſt déja auſſi ancien que moi : Voilà ce qui m'en ſemble, & ſur ce pied-là qu'eſt-ce que la vie, un rêve perpetuel, à l'inſtant près dont on joüit, & qui devient rêve à ſon tour. Je connois un pauvre homme qui a beaucoup ſouffert depuis trente ans : je connois un grand Seigneur qui a paſſé tout ce tems-là dans la joye, lequel aimeriez-vous mieux avoir été, ou le pauvre, ou le grand Seigneur ? quelque lot que vous choiſiſſiez, vous n'en ſerez ni mieux, ni plus mal : Voilà pourtant à quoi aboutiſſent le bonheur ou le malheur de cette vie : Peines paſſées, Plaiſirs paſſés, tout ſe confond, tout eſt égal : Les Rois n'ont qu'à profiter de l'inſtant dont ils joüiſſent, ils ne ſont heureux que cet inſtant ; & de ce court bonheur qu'ils ont, c'eſt à eux à en bien choiſir l'eſpece : tout court qu'il eſt, il a d'éternelles conſéquences.

Je ſuis vieille, ceux qui liront ceci doivent me pardonner les reflexions par où je commence ; réflechir ſur ces matieres-là, eſt, je crois un tribut qu'il faut payer une fois en ſa vie ; il vaudroit mieux le payer quand on eſt jeune, cela procureroit une vie plus tranquille & plus innocente, & diminuëroit beaucoup de la valeur que nous trouvons à je ne ſçais combien de petites doctrines hardies dont nous nous gâtons les uns les autres, & qui nous paroîtroient bien foibles, ſi nous n'avions pas un interêt préſent à les trouver fortes, ou ſi nous n'avions pas le ſang trop chaud.

Quoiqu'il en ſoit, voilà mon exorde, ce qui me reſte à dire va m'engager d'abord à des détails plus amuſans, & me ramenera enſuite aux réflexions les plus ſérieuſes.

On me maria à dix-huit ans, je dis qu'on me maria, car je n'eus point de part à cela ; mon pere & ma mere me promirent à mon mari que je ne connoiſſois pas ; mon mari me prit ſans me connoître, & nous n'avons point fait d'autre connoiſſance enſemble que celle de nous trouver mariés, & d'aller notre train sans nous demander ce que nous en pensions, de sorte que j'aurois dit volontiers, quel est donc cet étranger dont je suis la femme?

Cet étranger cependant étoit un fort honnête homme de trente-cinq à quarante ans, avec qui j'ai vêcu comme avec le meilleur ami du monde, car je n'eûs jamais pour lui ce qu'on appelle amour, il ne m'en demanda jamais, nous n'y songeâmes ni l'un ni l'autre, & nous nous sommes très-tendrement aimés sans cela.

Sept ou huit mois après notre mariage, un aimable homme de notre societé s'avisa de prendre du goût pour moi : dès que je m'en aperçus je le condamnai à soupirer en vain, car j'étois sage; mais nous autres femmes, lorsqu'un homme nous aime, il n'y a pas moyen que nous le congedions sans retour: la vertu nous dit, il ne faut point avoir d'amant, & là-dessus nous renvoyons celui qui nous vient, mais il ne s'en retourne pas si vîte, car notre vanité lui fait signe d'attendre, & il attend comme fit le mien que je traitois avec froideur, & que j'agaçois par milles petites bagatelles dont il ne dépendoit pas de moi de m'abstenir, parce que j'étois femme, & qu'on ne peut être femme sans être coquette; il n'y a que dans les Romans qu'on en voit d'autres, mais dans la nature c'est chimere, & les véritables sont toutes comme j'étois, par exemple, lorsque je me sentois dans un jour de beauté, que j'étois avantageusement parée, j'étois bien aise que l'amant dont je parle me vît alors, je l'en rebutois de meilleur courage, parce que je sçavois bien qu'il n'y avoit point de danger à le faire, je l'aurois défié de me quitter, j'étois trop belle pour lors : ainsi je laissois ma sagesse se donner carriere, j'affligeois hardiment mon homme, quand mes agrémens pouvoient soûtenir tout ce fracas-là, mais j'allois plus doucement quand je me sentois moins forte.

Et qu'on n'aille pas dire que c'est-là une grande coquetterie, car c'est la moindre de toutes celles qu'une femme peut avoir, ce n'est encore là qu'une coqueterie machinale; vraiment quand la réflexion s'en mêle c'est bien autre chose.

Cependant l'épouse de cet honnête homme connut à n'en pouvoir douter qu'il m'aimoit, elle s'en allarma comme de raison, & vint me rendre visite un jour qu'il étoit avec moi; ils parurent déconcertés en se voyant; un moment après il sortit, & j'allois continuer la conversation avec elle, quand elle me dit en souriant, mon mari vous aime, Madame, & vous méritez d'être aimée plus que personne au monde, ainsi je n'entreprendrai point de le détacher de vous, j'y perdrois mes efforts, il vaut mieux que j'aye recours à vous-même, & que je remette mes interêts entre vos mains; c'est donc à vous, à votre amitié pour moi, que je recommande mon mari, j'ai de l'attachement pour lui, & il le mérite, au penchant près qu'il sent, & qu'il est bien difficile de ne pas se sentir pour une femme aussi bien faite que vous l'êtes, je suis sûre que ce penchant vous est à charge, & il m'afflige, je ne lui ai rien dit encore, j'ai crû que vous le rameneriez mieux que moi, & qu'il seroit plus touché du chagrin qu'il me donne si vous l'y rendiez sensible. Il m'aimoit autrefois : disposez donc son cœur à plaindre du moins le mien, l'estime & le respect qu'il a pour vous, donneront du poids à ce que vous lui direz en ma faveur; feignez que je suis aimable, & il vous croira, vous l'en persuaderez encore mieux que ne feroient mes reproches.

A peine eut-elle achevé de parler que je l'embrassai de tout mon cœur, je me jettai dans ses bras, je crois même que nous pleurâmes; & le moyen à mon égard que je ne me fusse pas attendrie, que je n'eusse pas été remplie de zele pour les interêts d'une femme qui venoit me dire que j'étois plus aimable qu'elle, & qui demandoit quartier à mes charmes, le tour étoit trop adroit, auſſi je n'y réſiſtai pas, je l'embraſſai encore, & puis je recommençai, je l'accablai de careſſes, je la trouvai adorable, cent fois plus belle que moi; car l'amour propre, quand il a ſon compte, eſt ſi tendre, ſi reconnoiſſant, ſi modeſte, il rend tout ce qu'on lui donne.

Je ne rapporterai point les diſcours que nous nous tînmes; notre attendriſſement rendit la ſcene aſſez muette, je l'aſſûrai qu'elle ſeroit contente, & elle me quitta.

Son mari rentra qu'il n'y avoit pas un demi quart-d'heure qu'elle étoit ſortie, la joye étoit peinte ſur ſon viſage. Madame, me dit-il, voilà qui eſt fini, je ne vous ſerai plus importun; je viens vous demander pardon de vous l'avoir été: je vous admire, vous êtes la vertu même (& je me ſerois bien paſſé de ces éloges-là, ils me déplurent par preſſentiment.) J'écoutois à la porte de votre chambre, lorſque ma femme vous a parlé, ajoûta-t-il: je ſuis charmé d'elle: quelle femme, quel caractere ; voyez comme elle m'aime, elle redemande mon cœur ; elle veut le tenir de vous, elle l'aura, Madame, vous avez promis d'y faire vos efforts, & je vous obeïs. Je ne vous ai pas encore parlé, lui répondis-je assez vivement : Oh, vous avez raison, ajoûta-t-il, sans m'entendre : oui j'avois un grand tort, je le sens tout entier, la pauvre enfant : quelle tendresse, vous serez contente, vous m'estimerez, car je vais l'aimer plus que jamais.

Là-dessus il partit, ou plûtôt il vola, sans me donner le tems de lui répondre un mot : Pour moi je restai immobile : je me regardai comme une dupe. Si j'avois revû sa femme dans ce moment-là, elle n'auroit pas eû si bon marché de moi : Je ne l'aurois pas trouvée si charmante, & je ne lui avois dit qu'elle l'étoit qu'à condition que je la serois toûjours plus qu'elle : Son mari ne tenoit pas la condition & cela ne m'accommodoit point.

Je fus long-tems étourdi de ce que je venois d'entendre : à la fin sortant de ma place où il m'avoit comme comme fixée, & soûriant de dépit: voilà une petite femme qui va être bien glorieuse, mais je l'humilierai peut-être, & son mari n'est qu'un étourdi.

En effet, j'arrêtai dans mon esprit que je travaillerois à la rechûte de ce mari : je lui destinai quelques regards qui n'étoient guéres charitables pour la femme; mais d'autres incidens me firent oublier ce malin projet. Cette femme-là vit encore, & il n'y a pas plus de dix ans que je lui ai pardonné; avant ce tems-là, sa figure m'a toûjours déplu; je voyois bien qu'elle étoit aimable, & avec tout cela je le voyois sans en rien croire, un peu de vanité rend ces circonstances-là possibles.

Après cette avanture, je plûs à un jeune homme, beau, bien fait, qui de l'air dont il m'annonça son amour, m'en parla comme d'une faveur qu'il me faisoit; mais je trouvai la faveur impertinente, & je l'en remerciai sans en vouloir : autant que je m'en reſſouviens mon remerciment fut plaiſant.

Vous m'aimez donc, lui dis-je, à la bonne heure, continuez mon cher, apportez-moi ſouvent votre belle figure, & ces beaux airs de tête, ils me divertiſſent déja, c'eſt toûjours quelque choſe, eh! que ſçait-on, à force de rire de la bonne opinion que vous en avez, je m'y accoûtumerai peut-être, on ſe fait à tout, tenez, je gagerois que vous avez pû plaire à quelque femme; continuez, vous dis-je.

Apparamment que l'épreuve que je lui propoſois lui parut trop douteuſe, car il me quitta. Helas! s'il avoit tenu bon, je n'aurois voulu répondre de rien, il auroit pû reüſſir, les femmes l'appelloient le beau garçon, cette réputation-là eſt bien intereſſante pour nous, car nous ſommes ſi folles, ou ſi diſpoſées à le devenir, ſi ce n'avoit pas été lui que j'aurois aimé, c'auroit été le titre qu'on lui donnoit, cela revient au même, & meine tout auſſi loin.

Après que je l'eus congedié, mon

mari eut une affaire de conféquence dont le jugement dépendoit d'un homme en place; mon mari l'alloit voir fouvent & n'en rapportoit pas de grandes efperances, j'allai le voir à mon tour, j'en reçus l'accüeil le plus obligeant, il me pria d'entrer dans fon cabinet, & là, me fit la reüffite de notre affaire d'une difficulté infurmontable, je ferois pourtant l'impoffible, ajoûta-t-il, pour obliger une auffi belle Dame que vous : Là-deffus il me baifoit la main, avec des yeux qui applaniffoient toutes les difficultés, fi j'avois voulu aller par le chemin qu'ils m'enfeignoient. Monfieur, lui dis-je, d'un air fec & férieux, notre affaire eft perduë, je l'abandonne : un homme auffi zelé que vous l'êtes pour moi, n'eft plus en état de rendre juftice; cependant j'informerai mon mari des difpofitions où je vous laiffe, & je fuis perfuadée qu'il a trop d'honneur pour abufer du mépris que vous feriez du vôtre.

Je vis à ces mots fon vifage s'alſonger de moitié : je lui fis la charité de ne vouloir pas le regarder fixement alors, & je ſortis dans une ſituation d'eſprit que je ne puis bien exprimer : Une autre femme que moi à qui pareille choſe ſeroit arrivée, & qui en la racontant voudroit un peu ſe peindre en beau, diroit qu'elle ſortit toute ſcandaliſée, & s'arrêteroit-là, mais voici ce qu'elle ſupprimeroit, & ce que j'avouë, c'eſt que je fus ſcandaliſée auſſi, mais en hypocrite, car je n'étois pas fâchée qu'on m'eut donné le ſcandale : ma colere étoit ſans rancune : au bout du compte une laide auroit été plus reſpectée.

DIX-HUITIE'ME FEUILLE.

J'Eſpere que l'Hiſtoire de la Dame âgée dont j'ai parlé dans ma derniere Feüille, n'aura pas déplû ; & je me perſuade qu'on ne ſera pas fâché d'en voir la ſuite : c'eſt donc cette Dame qui continuë.

Notre affaire auroit eû ſans doute un mauvais ſuccès, ſi elle étoit reſtée entre les mains de cet honnête Arbitre que j'avois fait rougir de ces bontés pour moi : mais on la remit au jugement d'un autre, par je ne ſçai quel accident qui arriva. Cet autre étoit un Vieillard gracieux, qui en ſon tems avoit été grand ami des Dames, & qui dans ſes vieux jours ne pouvant plus être aimé d'elles, s'amuſoit à leur montrer qu'il les aimoit toûjours, & les prioit de lui pardonner le peu d'agrément qu'il avoit pour elles, en recompenſe du plaiſir qu'elles lui faiſoient encore.

On me mena chez cet aimable Vieillard que je trouvai effectivement tel qu'on me l'avoit dépeint : c'étoit un homme qui avoit plus d'âge, que de vieilleſſe, voilà comment mes yeux en jugerent, & la diſtinction n'eſt pas ſi frivole. Il me fit mille politeſſes, me promit une prompte déciſion, & remercia joliment le ſort qui lui donnoit occaſion de m'obliger.

Les jeunes gens ſeroient trop

dangereux ſi dans leurs procedés ils reſſembloient à ce bon homme: Que deviendrions-nous ſi leurs manieres étoient auſſi charmantes, que leur jeuneſſe? en verité nous n'aurions pas aſſez de notre vertu contre eux, mais ils ſont impertinents, cela nous dégoûte d'eux : & franchement nous nous ſauvons mieux avec ce dégoût-là, qu'avec de la vertu ; il nous eſt plus aiſé d'être ſages, quand nous ne ſommes plus tentées d'être folles.

Huit jours après ma viſite chez ce Vieillard nous fûmes avertis qu'il avoit reglé notre affaire plus favorablement que nous ne l'avions demandé : En effet je crois qu'il nous accorda par galanterie, ce que nous aurions eû de la peine à mériter par juſtice.

Il faut l'avoüer, les hommes galants, en pareil cas, quand une jolie femme leur parle, ſont ſujets à s'éxagerer la valeur de ſes raiſons: C'eſt un défaut, ſans doute, mais je l'aimerois encore mieux que celui de ces hommes auſteres, que j'ai connu, qui afin de n'être point ſurpris par une femme aimable, commencent par trouver toutes ſes raiſons mauvaiſes, pour ne point riſquer de les trouver trop bonnes: Ce qui eſt de vrai, c'eſt qu'il eſt bien difficile d'être juſte, quand on eſt ſi auſtere, & pour moi je crois qu'on eſt déja ſurpris, quand on craint tant de l'être. Je ſouhaite que ce que je dis ici, engage à quelques réflexions les perſonnes du caractere dont je parle. Je n'écris l'hiſtoire de ma vie, que dans l'eſperance qu'elle pourra ſervir à l'inſtruction des autres : Revenons à moi.

Je recevois tous les jours tant de preuves que j'étois aimable, & ces preuves-là me faiſoient tant de plaiſir que je n'oubliois rien pour en recevoir toûjours de nouvelles. Quand je dis que je n'oubliois rien, quelque forte que ſoit cette expreſſion-là, elle ne ſignifie rien en comparaiſon de ce que je veux dire : Mais comment faire, nous avons tant de foibleſſes qu'on ne peut

peut exprimer; qui n'ont point encore de nom dans la langue & qui peut-être n'en auront jamais : le tout en consequence de l'envie que nous avons de plaire à ces hommes dont nous avons gâté le goût, & que nous ne piquons plus, si nous ne donnons à nos agrémens naturels, un certain assaisonnement dont nous ne sçaurions nous parer qu'aux dépens de la pudeur, qui devroit être la plus aimable de nos graces. De sorte qu'aujourd'hui, ce n'est pas assez que d'être née belle ou jolie, cela ne vous sert de rien; & vous avez affaire à des yeux vitieux qui trouvent la beauté insipide. si vous ne l'animez d'un air de corruption qu'on est obligé d'y mettre, qu'il est difficile d'atrapper, si vous n'avez vous-même les sentimens un peu libertins, & qu'il ne faut pas outrer pourtant : car vous vous deshonnoreriez, si vous ne vous arrêtiez pas au point requis. A la verité on l'a poussé si loin, qu'il faudroit être bien mal-adroite, ou bien esfrontée pour le passer.

Pour moi j'eûs d'abord de la peine à me jetter dans cet excès de coquetterie : la mienne étoit encore timide, mais petit à petit elle s'en hardissoit : Un degré d'immodestie que je me permettois le matin, m'effrayoit. Je le soûtenois en femme embarassée, mais je m'y accoûtumois dans la journée ; à la fin je riois de moi, comme j'aurois ri d'une Provinciale ; & le soir n'étoit pas venu que je méditois pour le lendemain une liberté de plus.

Cependant il me restoit encore de legers scrupules qui me retardoient, quand le hazard me lia avec une demie-douzaine de femmes plus courageuses que moi, & dont le commerce acheva de me défaire de ce peu de retenuë poltrone qui me restoit. D'ailleurs mes années commençoient à m'inquieter ; leur course me sembloit plus rapide qu'à l'ordinaire : J'étois jeune encore ; mais je ne me voyois pas loin de ce terme où la jeunesse d'une femme devient équivoque, où l'on ne ſçait plus quel âge elle a, & je croïois qu'avec une figure galante, j'en paroitrois plus long-tems jeune : Mais que de fatigues pour l'avoir cette figure galante, auſſi-bien que pour la varier? Comment ſe coëffera-t-on? quel habit mettra-t-on? quels rubans? de quelle couleur ſeront-ils? celle-ci eſt plus douce; celle-là plus vive. Comment ſe déterminer? un air de douceur eſt bien touchant, un air de vivacité bien frapant. Où prendre du conſeil pour un choix qui va décider pour nous de la gloire de toute une journée? Choiſir l'air doux, c'eſt peut-être manquer ſon coup: prendre l'air vif, c'eſt peut-être ſe rendre les yeux trop rudes. Il s'agit de conſulter ſon miroir, & ſi jamais l'ame a porté des jugemens d'une juſteſſe admirable, ſi jamais ſes attentions ſur quelque choſe, ſes examens, ſes diſcuſſions, furent des prodiges de force, de goût, d'exactitude & de fineſſe; de ces prodiges ſi étonans, n'allez pas l'en croire capable ailleurs que dans une femme qui est à sa toillette : Et voïez après combien cette ame est petite de n'être jamais si judicieuse, & de n'y regarder jamais de si près, que dans une occasion de si peu d'importance.

Je ne dirai rien des habits, ni de l'embarras que j'avois à sçavoir, quelque fois, si je me parerois beaucoup ou guères : combien de fois suis-je sortie de chez moi dans un ajustement que je me repentois d'avoir pris : Et quand je voyois venir des hommes, de loin dans une promenade, avec quelle inquiétude n'attendois-je pas qu'ils me regardassent préferablement à celles avec qui j'étois : En tenant alors ma meilleure amie sous le bras, mon amitié pour elle alloit & venoit, suivant qu'on étoit plus ou moins curieux d'elle ou de moi, & ne vous imaginez pas, lorsqu'il passoit une belle femme que je la regardasse, moi, j'avois trop de peur de la trouver belle, & qu'elle ne le remarquât.

C'étoit ainsi que je vivois, quand

un homme veuf, qui s'étoit rendu mon amant, & qui avoit une fille de dix-sept à dix-huit ans, rompit le commerce que nous avions ensemble cette jeune personne & moi, & lui défendit à mon insçû de me voir.

Il l'envoya d'abord à la campagne, chez une de ses parentes, afin de m'accoûtumer d'une façon plus honnête à la perdre de vûë : mais elle revint, & depuis son retour, je ne la vis pas deux fois en un mois, j'en étois étonnée, & j'attribuois cela à un de ces caprices qui prennent souvent aux femmes : Son pere même en levoit les épaules avec moi, & traitoit son humeur de volage, mais la fille m'aimoit, & comme elle obéissoit à contrecœur, elle confia à quelqu'un les véritables raison de son procedé avec moi : Ce quelqu'un ne put se coucher sans venir en secret me confier cette confidence ; & voilà comme nous sommes faites, cela est dans l'ordre ; quand nous trouvons occasion de mortifier notre prochain, & que la malignité naturelle qui nous y porte, peut se mettre à l'abri d'un air de bien-vëillance : oh elle est bien charmée.

J'apris donc pourquoi cette fille ne me voyoit plus, & je l'apris au moment que je venois de quitter son pere, qui ne m'avoit jamais paru plus tendre que ce jour-là.

Je rougis au rapport qu'on me fit, & je ne me ressouviens point d'avoir jamais reçû de leçon d'honneur plus vive; car je me doutai tout d'un coup des motifs qu'avoit eû le pere quand il avoit fait cette défense. Je compris l'affront qui m'en revenoit, & je fus honteuse de le mériter : j'étois si outrée que j'allai m'enfermer sur le champ pour lui écrire : je ne le ménageai point dans ma lettre, & je la finis en lui défendant à mon tour d'une façon terrible, de revenir jamais chez moi.

On me dit que la lecture de ma lettre l'avoit fait rire; il y répondit aussi-tôt, & voici à peu près quelle étoit sa réponse.

Il eſt vrai que j'ai défendu à ma fille de vous voir : Eh bien, en verité, cela vaut-il la peine que nous nous broüillons enſemble, ma charmante : en conſcience, mon intention a été pardonnable, j'avoüe que je ne vous l'ai pas dite, parce que j'ai regardé cela comme un petit arrangement domeſtique, dont il n'étoit pas beſoin de vous étourdir, ma Reine : Ecoutez-moi, ſans vous fâcher : Je veux marier ma fille ; cela eſt juſte : Or ma fille en vous voyant ſi aimable, voudroit la devenir autant que vous l'êtes ; & moi j'ai cru bonnement qu'il ne lui appartenoit pas encore de ſe donner tant de graces, & qu'elles pourroient nuire au projet que j'ai formé de lui trouver un époux : dès qu'elle ſera mariée je vous la rends ; êtes-vous contente? bon ſoir, plus de promptitude, ma Déeſſe. J'aurois grande envie d'aller me jetter à vos genoux, pour vous demander pardon d'une faute, malheureuſement néceſſaire ; ce ſera quand il vous plaira : J'attendrai patiemment, ſans murmurer, comme on attend les faveurs des Dieux : Entre nous, pourtant, je me veux mal d'être le pere d'une petite friponne, qui est cause que vous m'avez tant querellé : Je vous dirai que cet étourdie ne veut plus être qu'en corset, pour ne vous avoir jamais vûë autrement. Voyez, je vous prie : c'est bien à elle à faire, ma foi. N'êtes-vous pas de mon sentiment. Je suis, &c.

Je déchirai cette Lettre en mille morceaux : mais comme on voit, je l'ai gardée long-tems dans ma mémoire, & sans que je m'en apperçûsse trop, ce fut la le premier accident qui tempera ma coquetterie.

En voici un second qui eut aussi le même effet; je fus un jour témoin de la brusquerie d'un Cavalier, avec une de mes amies. J'avois remarqué depuis quelque tems, qu'ils se voyoient tous deux d'assez bon œil : je n'ai jamais sçû le sujet de la querelle où je les surpris; mais ce Cavalier perdit avec elle le respect d'une façon si hardie, quoique pourtant peu grossiere, il me parut abuser si insolemment

ment des raiſons qu'elle pouvoit avoir de le ménager; & ſon reſſentiment à elle me parut ſi timide; je lui vis une colere ſi humble, ſi gênée, que la pauvre Dame me fit vraiment pitié.

Et en effet une femme ne peut gueres eſſuïer de moment plus dur que celui-là, & moi qui vis cela, ſi j'avois une fille qui eût de l'eſprit, je croirois l'élever mieux en lui faiſant voir une pareille choſe, qu'en lui montrant mil exemples de vertu; la vertu eſt belle à la verité, mais le vice par de certains côtés a encore plus de laideur qu'elle n'a de charmes; oui, il feroit plus d'horreur qu'elle ne feroit de plaiſir, quoiqu'elle en faſſe infiniment; je dis le vice, car la ſimple galanterie en eſt un, c'eſt un déſordre dans l'eſprit dont le cœur a bien-tôt ſa part, & ſi ce déſordre a des douceurs, il n'y a point de femmes qu'elles tentaſſent, ſi elles en connoiſſoient bien l'amertume.

L'avanture de mon amie me rendit les hommes moins conſiderables; je devins moins avide de leur plaire, ma jeunesse continuoit à se passer, ce qui m'en restoit, je le perdois auprès d'une jeune femme, je le sentois bien, car quoiqu'on dise de notre amour propre, il nous éclaire à merveille sur nos désavantages, quand ils sont de cet espece, & s'il nous dupe alors, c'est en nous persuadant que nous pouvons dérober ces désavantages-là aux yeux des autres, comme je croyois y parvenir en folâtrant plus que de coûtume pour contrefaire la jeune, car une de nos folies, encore, est de penser à certain âge que des airs étourdis nous rajeunissent, helas! nous n'acquerons par-là qu'un défaut de plus qui est d'être de mauvais singes; on a beau s'évertuer, quelque feu qu'on aïe à l'âge où j'étois, en eut-on à soi seule plus que toute la jeunesse d'une Ville, jamais ce feu-là ne ressemble au feu qu'on a à vingt ans, il peut bien être plus foû, mais ne sera jamais si jeune, il y a toûjours quelque chose qui le caracterise,

& qui le differentie; les femmes ne le croyent point, & ne le croiront jamais, qu'après avoir comme moi donné la comedie.

Dans ce tems-là, la femme de chambre d'une Dame avec qui j'étois très étroitement liée, la vola, en prenant congé d'elle, & lui emporta dans une petite cassette une somme d'argent assez considerable, qui provenoit de ses épargnes, & du gain du jeu.

Cette Dame n'osa faire éclater ce vol, pour des raisons que je ne sçavois pas encore toutes entieres, mais que j'apris dans la suite; elle vint me prier de parler à cette malheureuse, & de l'intimider le plus que je pourrois. J'allai donc trouver cette femme de chambre qui ne se cachoit pas, & à qui je representai le peril & la honte d'une pareille action.

Madame est une ingrate, me répondit-elle en secoüant la tête, & d'un ton ferme: elle avoit promis de récompenser mes services mieux qu'elle n'a fait, & ce que je lui ai pris m'étoit dû ; ainsi il n'y a rien à dire : au reste je ne la crains point, j'ai dans mes mains une douzaine de lettres que M.... lui a écrites, & qui l'empêcheront d'être méchante. A l'égard de la honte de l'action dont vous me parlez, quand il seroit vrai que je lui aurois pris plus qu'elle ne me doit, ce qui n'est pas, & ce dont je ne suis pas capable : Pardy je ne suis pas obligée de rougir plus qu'elle. Au bout du compte chacun a ses défauts : celui de Madame est d'aimer l'amour, & le mien est d'aimer l'argent, surtout quand il m'appartient : Voilà tout ce que j'ai à vous répondre, à vous, Madame, que j'honore beaucoup : cela dit, elle fit une grande réverence & se retira fiérement : Pour moi j'allai rejoindre mon amie à qui j'adoucis un peu la réponse de cette créature, mais à qui je conseillai avec amitié, de laisser là son argent : Elle me quitta confuse, non sans verser quelques larmes, que l'interêt ne fit pas couler ; elles eurent un motif plus raisonnable, je le compris à la maniere dont elle se comporta depuis.

Il me reste encore de cette Histoire de quoi remplir une Feüille, & je continuerai suivant ce que j'entendrai dire.

DIX-NEUVIE'ME FEUILLE.

IL m'a paru que l'Histoire de la Dame en question n'avoit pas déplû, & quoiqu'elle ait déja fait le sujet de deux Feüilles, je crois qu'il ne seroit pas à propos de la laisser imparfaite, puisqu'on m'en a fourni la suite qui finit à cette troisiéme Feüille.

Je fis de grandes réflexions sur la perfidie de cette femme de chambre envers sa maîtresse, & en effet quand on y pense bien, on ne sçauroit comprendre comment il est possible qu'une femme en certains cas puisse se résoudre à se fier à un Domestique : Par quelle étrange disposition d'esprit perd-elle de vûë tous les malheurs qu'elle risque? ou si elle les envisage, quel est le tour d'imagination qui lui en ôte l'effroi? tant de danger, & tant de confiance ensemble sont-ils concevables? Comment cela s'arrange-t-il dans sa tête? Si une femme alors pouvoit pour un moment se séparer de sa passion & la mettre à l'écart, & qu'après elle examinât de sang froid ce qui lui fait croire que sa confiance étoit raisonnable, il n'est point d'égarement d'esprit qu'elle jugeât digne d'entrer en comparaison avec le sien: point de sécurité qui lui parût si stupide, si imbecille que la sienne, mais avec de la passion ce n'est plus cela: nous ne voyons plus les objets comme ils sont, ils deviennent ce que nous souhaittons qu'ils soient, ils se moulent sur nos désirs: Une femme a besoin du ministére d'un domestique: d'abord elle hésite à s'en servir. Mettra-t-elle entre ses mains l'honneur de son mari, le sien, quelquefois sa vie même: dépendra-t-elle d'une ame venale, d'un ſujet d'autant plus indigne, qu'elle le trouvera diſpoſé à lui prêter ſon ſecours. Il y a un péril preſque inévitable à s'y fier, mais elle voudroit bien qu'il n'y eût point de péril; & la voilà perduë, c'en eſt fait, le péril diſparoît : l'envie qu'elle a de trouver des ſûretés, lui en fournit à perte de vûë, elle croit les examiner, & ne ſçait pas que c'eſt le plaiſir qu'elles lui font qui en eſt le juge.

N'avez-vous jamais vû des enfans qu'on amuſe avec des contes de Fées : ils croyent tout ce qu'on leur dit; une femme dans l'état où je la mets leur reſſemble : c'eſt poſitivement un enfant comme eux, ce ſont de vrais contes de Fées, que les idées dont ſa paſſion l'amuſe.

J'ai crû devoir m'arrêter un peu là-deſſus : il y a bien des perſonnes de mon ſexe, qu'il eſt encore tems d'avertir, & que l'amour n'a pas jetté encore dans l'enfance dont je parle. Que cet état leur inſpire donc une frayeur ſalutaire : rien n'eſt plus rapide que le mouvement qui nous y entraîne, & quand nous y sommes, rien de plus miserable, de plus abandonné que notre esprit alors, rien de plus inaccessible à tout secours, que sa misere, & pour comble de malheur, que devient-on quand on cesse d'aimer, car on n'aime pas toûjours : helas! le repentir nous prend, où l'amour nous laisse.

Revenons à moi, l'âge enfin me gagnoit, il n'étoit plus question de jeunesse, ni d'aucun artifice pour paroitre jeune : mon visage là-dessus n'étoit plus disciplinable, & il falloit me resoudre à l'abandonner. Malgré cela un peu de consolation me restoit encore : car une femme se retourne comme elle peut dans ces occasions-là : Elle seroit inconsolable, si rien ne la soulageoit dans son affliction, mais la nature charitable pourvoit à tout. A la place d'un avantage qu'elle nous ôte, sa faveur nous dispense de petites chimeres, au moyen desquelles nous coulons le tems & prenons patience.

Par exemple je n'étois plus jeune, moi, j'avois de l'embonpoint, beaucoup de ſanté, & dans mon eſpece, je me trouvois très-aimable non pas aimable comme une jeune femme : mais n'y a-t il pas des charmes de diferent caractere : une femme faite & d'un certain âge n'a-t-elle pas les ſiens?

Voilà comme je raiſonnois pour le repos de mon ame, & effectivement je durai quelque tems avec le ſecours de cette idée-là : mais dès-lors mes apas étoient déja ſi confirmés : j'étois tellement une femme faite, que je la fus bientôt trop, & que toute reſſource épuiſée, il fallut au bout du compte en venir à la raiſon, & voir au vrai ce que j'étois.

Je le vis donc, & avec moins de chagrin qu'on ne penſe ; car à travers toutes mes chimeres, de tems en tems la verité avoit percé comme une éclair, de ſorte que, quand elle parut tout-à-fait, je la vis comme une choſe dont j'avois déja eû des nouvelles,

Me voilà donc vieille, & reconnuë par moi pour telle, & avec ces débris de beauté qui font connoître aux autres qu'on a été belle. Eh bien, puisqu'il faut le dire, ces débris-là me flattoient encore, je m'interessois à ce qu'on en pensoit, cela est bien fou, j'en conviens; mais aussi c'est l'histoire d'une femme que je rapporte : coquettes, quand nous sommes aimables, coquettes quand nous ne le sommes plus : dans le premier cas nous travaillons à être aimées, dans le second nous travaillons à montrer que nous avons mérités de l'être; de façon que souvent je faisois encore l'agréable & quelquefois j'osois esperer que je plairois; ce qui jettoit un ridicule dans mes actions, qui m'attira une vigoureuse correction,

Allant un jour rendre visite à une Dame, qui la veille avoit été avec moi d'une partie de campagne avec d'autres personnes; on me dit, qu'elle n'étoit point chez elle, mais qu'elle alloit revenir.

J'entrai dans son cabinet pour l'attendre, & j'y cherchois sur des

Tablettes un Livre pour m'amuser: quand je vis tomber un Billet à mes pieds (nous sommes curieuses nous autres) je ramassai le Billet, & l'ouvris, me doutant qu'on y traittoit d'amour, & je ne me trompois pas: mais ce que je n'aurois pas deviné, c'est qu'il y étoit traité à mes dépens. L'honnête homme qui écrivoit, se plaignoit à la Dame, de la gêne où j'avois mis son cœur, en les accompagnant à une promenade particuliere, qu'ils firent à cette campagne. Et remarquez que cet homme, qui m'en vouloit tant, m'avoit alors au sortir du diner fait des complimens, dont je m'étois, je l'avoüe, felicitée comme d'une bonne fortune; & il est vrai qu'en conséquence de ces mêmes complimens, qui m'avoient toute réjoüie, je m'étois plû à être avec lui, & l'avois perdu de vüë le moins qu'il m'avoit été possible. Voici à présent quel étoit son stile dans le Billet.

Au nom de notre amour, ma chere

Maîtresse, rompez avec cette vieille Madame de .... C'est une charité que vous me ferez, car je la haïs, autant que je vous aime. Sçavez-vous bien pourquoi elle nous suivit hier dans cette allée, où nous nous promenâmes : vous ne le devineriez pas : c'est qu'elle tomba tout subitement amoureuse de moi ; & cet amour-là, c'est un mauvais tour, que m'a joüé un honnêteté, que je lui fis. Peste soit de la politesse ! Imaginez-vous qu'au sortir du repas, j'eus le malheur de la gratieuser sans réflexion, parce que vous veniez de me serrer la main, & que j'en avois une joïe, qui attendrissoit toutes mes expressions, & qui m'auroit fait gratieuser ma bisaïeule, si elle avoit été là. La bonne Dame a pris ma distraction pour un hommage, & s'est mise à m'aimer sans autre forme de procès. Ainsi me voilà chargé de son cœur, pour n'avoir sçû ce que je lui disois. Que ferai-je de cette antiquaille-là ? Défaites-m'en, je vous prie ; car cette femme-là voudra que je l'aime de gré ou de force ; elle le voudra, vous dis-je. Vous ne sçavez pas ce que c'est que la coquetterie de ces femmes-là. Il n'y a rien de si opiniâtre, & j'ai bien peur, si vous n'y mettez ordre, qu'elle ne vienne rélancer son infidéle jusques chez vous. Oh parbleu! épargnez-moi l'embarras de faire le cruel. Faudra-t-il que je lui demande quartier? Tout de bon, mon amour broüillez-vous avec elle, pour m'en délivrer; & si cela ne suffit pas, dites-lui que je médis d'elle, & que je sçais son âge? Bon jour mes belles mains: je vous adore, & j'irai vous le jurer dans un quart d'heure.

Je repliai le Billet bien proprement, après l'avoir lû, & m'en allai sur le champ digerer mon avanture. Là, après bien des réflexions, bien des projets de vengeance, bien des soûpirs, & beaucoup de honte; je conclus... Hélas! Je ne conclus rien: je me couchai seulement triste, vaine & humiliée; mais un mois après, je conclus quelque chose.

Un de nos amis nous avoit invité à venir dîner chez lui: mon mari & moi, nous y allâmes au jour marqué. Le Portier nous laisse entrer sans nous rien dire : je monte, je rencontre une femme de chambre, qui pleure, & passe sans me voir : inquiéte de ce que cela signifie, je parviens jusqu'à la chambre de la Dame, avec qui j'étois fort liée, & de qui j'étois la confidente, comme elle étoit la mienne; je la vois par derriere dans un fauteüil, d'aussi loin que je l'apperçois, je cours à elle pour la surprendre & l'embrasser : je me jette à son col : dans l'instant j'entens des cris & des sanglots dans un cabinet prochain, & je vois que c'est une femme morte, que je tiens embrassée.

Tout mon sang se glaça dans mes veines, & je tombai sur elle évanoüie, le cri que je fis en tombant fit sortir les personnes qui étoient dans le cabinet, c'étoit son mari, & son fils jeune homme âgé de dix ans. Des Prêtres arriverent : mon mari entra : on me fit revenir, mon évanoüissement fut court : j'ouvris les yeux dans le moment qu'on emportoit le corps, de mon amie, j'en fremis encore : sa tête panchoit, je vis son visage. Juste Ciel ! quel- difference de ce qu'il étoit alors, à ce que je l'avois vû trois jours avant ! L'apoplexie, dont elle étoit morte, en avoit confondu, boulversé les traits. Ah quelle bouche & quels yeux ! Quel mélange de couleurs horribles !

J'ai vû dans ma vie bien des figures, que l'imagination du Peintre avoit tâché de rendre affreuses ; mais les traits, qui me frapperent, ne peuvent tomber dans l'imagination : la mort seule peut faire un visage comme celui-là : il n'y a point d'homme intrepide que cela ne rappellât sur le champ à une triste considération de lui-même. Toutes ces laideurs funestes, on les trouve en soi, elles nous appartiennent. On croit être ce que l'on voit, & l'on fremit interieurement de se reconnoître.

Mais passons : il fallut presque me porter jusqu'à mon Carrosse, & je me mis au lit dès que je fus arrivée chez moi.

Mille triſtes penſées vinrent m'aſſaillir alors, & pour la premiere fois je ſongeai que j'étois deſtinée à mourir. Hélas! mon amie n'avoit pas eû le tems de faire cette réflexion-là. Je ſçavois que, lors qu'elle mourut, il y avoit bien loin, des idées qui l'occupoient, à l'idée de la mort, & je me demandois ce qu'elle étoit devenuë, par inquiétude pour ce que je pouvois devenir moi-même. Où étoit-elle alors? ne reſtoit-il rien d'elle que ce corps ſans mouvement; que j'avois vû emporter? Cette ame ſubitement enlevée à tant de chiméres : quel étoit ſon ſort? Et moi, je mourrai donc auſſi; me diſois-je; & j'ai vêcû juſqu'ici ſans le ſçavoir. Mais qu'eſt-ce que mourir? Et quelle avanture eſt-ce que la mort? Qu'elle eſt terrible, ſi j'en crois ma Religion! A Dieu ne plaiſe qu'on me ſoupçonne d'avoir un ſeul inſtant de ma vie douté de ce qu'elle nous dit : je rapporte ſimplement la maniere dont ce tournoient alors mes pensées. Eh! y a-t-il quelqu'un parmi nous qui puisse douter de la vérité de sa Religion? L'esprit pourroit-il s'égarer jusques-là? Est-il de perversité de cœur qui puisse entraîner tant de bêtise? non je ne l'imagine pas. Et s'il y a même des impies, qu'ils fassent les incrédules là-dessus, tant qu'ils voudront; mais qu'ils ne se flattent pas de l'être; car ils se trompent, & confondent les choses. Qu'ils s'examinent bien sérieusement. Je ne suis qu'une femme; & je leur assûre qu'ils ne trouveront en eux qu'un profond oubli de Dieu, qu'un violent dégoût pour tout ce qui peut les gêner dans leur libertinage, & qu'une malheureuse habitude de vivre à cet égard-là sans réflexion. C'est tout cela qu'ils prennent pour incrédulité; il ne peut pas y en avoir d'autre. Quand on n'aime pas ses devoirs, en sentant qu'ils sont incommodes, on croit voir qu'ils sont inutiles. Voilà la méprise funeste qu'un cœur corrompu fait faire à l'esprit : voilà ce qui fournit aux libertins toute leur Philosophie. Mais, grace au Ciel, toute folle & toute dissipée que j'avois été pendant ma vie, Dieu ne m'avoit pas abandonné jusques-là. J'avois eû plus de negligence que de haine pour mes devoirs : & quand je pensois que la mort étoit terrible, si j'en croyois ma Religion; c'est que je me reprochois de l'avoir crûë, cette Religion, comme font une infinité d'honnêtes gens dans le monde, qui n'ont jamais songé à la révoquer en doute, qui frémiroient de le voir faire, mais qui contens de s'appeller Chrétiens, vivent avec ce nom-là, qu'ils professent tout aussi tranquilles, que s'ils professoient la chose. Je passai plusieurs jours dans ces réflexions, pendant lesquels le monde prit à mes yeux une autre face.

Mon mari tomba malade, & mourut quelque tems après, plein d'un amitié pour moi que je devois à son bon cœur plus qu'à mes soins. Je lui demandai mille fois pardon de ne lui avoir pas donné d'assez vifs témoignages de la mienne : je versai un torrent de larmes, il me serra la main, & mourut.

Je fus quelques jours ensevelie dans la douleur la plus profonde, & il ne m'avoit point laissé d'enfans. Sa niéce qui étoit orpheline me tint lieu de fille, je me chargeai de son éducation & de sa fortune, & je rompis sans retour avec tout ce qu'on appelle plaisirs du monde, & avec toutes les personnes qui les aimoient : je ne fréquentai plus qu'un certain nombre de femmes retirées, qui m'associérent à leurs fonctions dévotes ; mais je me rebutai bientôt de leur commerce : je ne leur entendois parler que de leur Directeur, leur vie se passoit en scrupules, qui demandoient qu'on le revît, quand on venoit de le quitter : & puis qu'on y retournât après l'avoir revû, & puis qu'on l'envoyât prier de revenir, quand on ne pouvoit l'aller chercher ; cela ne me plaisoit point, je trouvois beaucoup d'imperfection dans ce besoin éternel qu'on avoit de la créature pour aimer le Créateur. Je croyois voir là dedans que la chair étoit plus dévote que l'esprit; & il me paroissoit enfin que ce violent amour pour Dieu pouvoit fort bien ne servir au cœur que de prétexte pour une autre passion.

Un de ces Directeurs mourut; & la Dame à qui il appartenoit, en pensa devenir folle. Son pieux désespoir me scandalisa : Dieu qui lui restoit, ne lui suffisoit pas pour la consoler : & je quittai tout-à-fait ces compagnes, qui ne pouvoient s'accommoder de ses volontés, pour me retirer à la campagne, où je fais mon séjour ordinaire, & où mon Curé prend soin de ma conscience, sans avoir rien à démêler avec mon cœur.

VINGTIE'ME FEUILLE.

J'Aprens qu'il a paru dans le Public une Feüille intitulée un Spectateur François, où l'on fait une Critique d'Inés, Tragédie de Monsieur de la Motte; quelques personnes trompées par le Titre auront pû me l'attribuer, & je crois devoir avertir qu'elle n'est point de moi, que je ne sçais d'où elle part, & même que je ne l'ai point lûë; ce n'est point parce qu'elle critique l'Ouvrage d'un homme Illustre, que je prens soin d'avertir qu'on ne s'y méprenne pas, & qu'elle ne m'appartient point; il est vrai que j'estime infiniment Monsieur de la Motte, & je serois d'un esprit bien peu sensé, si je n'étois pas dans ce sentiment-là; mais en qualité de Spectateur des hommes, tel que je suis, Monsieur de la Motte avec tout son mérite & sa réputation, ne m'effraie point, & devient à mes yeux un homme comme un autre, c'est-à-dire un simple sujet d'observation, de même que l'homme dont on ne parle point & qui se perd dans la foule.

Il n'y a ni petit ni grand homme pour le Philosophe, il y a seulement des hommes qui ont de grandes qualités mêlées de défauts ; d'autres qui ont de grands défauts mêlés de quelques qualités, il y a des hommes ordinaires, autrement dit, médiocres, qui valent bien leur prix, & dont la médiocrité a ses avantages, car on peut dire en passant que c'est presque toûjours aux grands hommes en tout genre que l'on doit les grands maux & les grandes erreurs ; s'ils n'abusent pas eux-mêmes de ce qu'ils peuvent faire, du moins sont-ils cause que les autres abusent pour eux de ce qu'ils ont fait.

Mais pour revenir à mon sujet, je n'avertis que la critique d'Inés n'est point de moi, que parce qu'elle n'en est point ; si elle est bonne que le véritable Auteur en soit loüé, je ne veux le bien de personne ; si elle est mauvaise, j'ai assez de mes fautes sans me charger de celles d'autrui ; en fait de critique ou d'éloge, je suis bien aise que personne ne fasse pour moi, je m'en tiens au peu que je sçais faire, & je veux avoir tort ou raison par mes propres Oeuvres.

Je ne ferai plus qu'une attention là-dessus, la Critique d'Inés est intitulée un Spectateur François ; je n'ai rien à dire à l'Auteur qui a pris mon Titre, mais si j'avois été homme à faire valoir exactement le Privilége de mon Livre ; l'Imprimeur de cette Critique mise sous mon Titre, n'auroit pas trouvé son compte avec moi ; passe pour cette fois où je me contente de dire que cette Feüille anonime ne m'appartient point, mais si on y revenoit, je prendrois les mesures convenables en pareil cas, & je ne souffrirai plus une confusion de Titres, dont le moindre inconvenient seroit de me faire ou plus d'honneur, ou plus d'injure que je n'en mérite, & qui avec cela pourroit me charger de l'iniquité de tout homme dangereux & hardi qui voudroit écrire sans être connu, & par-là, livreroit mon caractere, & l'innocence de mes mœurs à la discretion de son audace.

Puisqu'il s'agit ici d'Inés, & qu'il m'a fallu discontinuer la suite des sujets que j'ai coûtume de traiter dans mes Feüilles, je vais donner la moitié d'une lettre qu'un de mes amis m'écrit de Paris, à la campagne où je suis, je l'avois prié de me dire ses sentimens sur cette Tragédie, & voici comment il s'explique. Les réflexions qu'il fait dans sa lettre me tiendront lieu d'un Spectateur ordinaire.

Après vous avoir informé de tout ce que vous vouliez sçavoir, je vais à present vous satisfaire sur le chapitre d'Inés; le Public a déja fait son éloge par la grande avidité qu'il a marquée pour la voir, & moi qui vous parle, j'étois de ce public-là, & même de la portion de ce public la plus avide. Ainsi c'est déja vous dire en gros ce que je pense de l'Ouvrage. Je n'ai pas le tems d'en faire le détail, & je vous en dirai ce que je pourrai, sans ordre, & suivant que les choses me viendront.

Je trouve d'abord qu'il regne un extrême interêt dans cette Tragédie, mais de cet interêt rare qu'il n'appartient n'appartient qu'à peu d'Auteurs de jetter dans ces sortes d'ouvrages; interêt qui vient moins des faits, que de la maniere de les traiter, interêt encore plus semé, plus répandu, que marqué seulement en quelques endroits.

Dans les Tragédies ordinaires, paroît-il une situation interessante, elle frappe son coup, & voilà qui est fini jusqu'au moment qu'il en revienne une autre.

Ici chaque situation principale est toûjours tenuë presente à vos yeux, elle ne finit point, elle vous frappe par tout, sous des images passageres qui la rappellent sans la répeter, vous la revoyez dans mille autres petites situations momentanées qui naissent du dialogue des personnages, & qui en naissent si naturellement que vous ne les soupçonnez point d'être la cause de l'effet qu'elles produisent; de façon que dans tout ce qui se passe actuellement d'interessant, réside encore, comme à votre insçû, tout ce qui s'est passé : de-là vient que vous êtes remué d'un interêt si vif, & si soutenu, & qui est d'autant plus infaillible, que hors les endroits extrémement marqués, vous ne distinguez plus les instans où il vous gagne, ni les ressorts qui le contiennent.

Et certainement c'est ce qu'on peut regarder comme le trait du plus grand maître; on auroit beau chercher l'art d'en faire autant, il n'y a point d'autre sécret pour cela que d'avoir une ame capable de se pénetrer jusqu'à un certain point des Sujets qu'elle envisage. C'est cette profonde capacité de sentiment qui met un homme sur la voye de ces idées si convenables, si significatives; c'est elle qui lui indique ces tours si familiers, si rélatifs à nos cœurs; qui lui enseigne ces mouvemens faits pour aller les uns avec les autres, pour entraîner avec eux l'image de tout ce qui s'est déja passé; & pour prêter aux situations qu'on traite, ce caractere séduisant qui sauve tout, qui justifie tout, & qui même exposant des choses qu'on ne croiroit pas regulieres, les met dans un biais qui nous assujetit toûjours à bon compte; parce qu'en effet le biais est dans la nature, quoiqu'il cessât d'y être si on ne sçavoit pas le tourner; car en fait de mouvemens, la nature a le pour & le contre, il ne s'agit que de bien ajuster.

Par exemple le Prince malgré la convention faite avec sa maîtresse de cacher leur amour, à cause du danger qu'il y a de le découvrir, l'avouë pourtant par une vivacité qui le prend, aussi-tôt qu'on l'en accuse.

Un genie borné auroit fait son personnage, plus discret, il n'auroit pas même imaginé qu'on pût se conduire autrement, & sans jetter les yeux plus loin, il s'en seroit tenu au parti qui avoit d'abord la mine la plus raisonnable, & qui étoit que le Prince se tût là-dessus; & c'est justement avec cet esprit-là qu'on fait des Ouvrages si froids, tous les Poëmes dramatiques qui sont médiocres, sont pleins de ces régularités glacées ; mais il y a une conduite senſée d'un ordre ſupérieur, & c'eſt celle que tient un Auteur, qui ſçait qu'il y a des occurrences, où c'eſt agir judicieuſement que de mettre une étourderie aparente à la place d'une action qui ſe preſente d'abord, & qui ſeroit dans l'ordre ordinaire de la raiſon ; qu'enfin il y a des inſtans où la paſſion fournit à un homme des vûës ſubites, auſquelles, il eſt impoſſible qu'il réſiſte, fuſſent-elles étourdies, & qui doivent l'emporter ſur tout ce qu'il avoit auparavant réſolu de faire & qu'il avoit crû le plus ſage; car tout paſſionné qu'il eſt cet homme-là, il compare rapidement ce qu'il ſent alors, à ce qu'il avoit projetté, & peut-être n'a-t-on jamais le ſens ni plus droit ni plus vif que dans ces momens-là. La paſſion eſt ſouvent meilleure ménagere de ſes interêts qu'on ne penſe, & je croirois que la raiſon même dans de grands beſoins la ſecoure de tout ce que ſes lumieres ont de plus ſûr, car l'homme eſt ainſi fait, que tout ce qu'il a lui sert & vient à lui quand il le faut.

Mais je m'écarte, revenons au Fils d'Alphonse; en vertu de quoi étoit-il convenu avec sa maitresse de ne pas avoüer leur amour? en vertu de ce qu'il croyoit que cet amour n'étoit encore connu de personne, mais il voit que la Reine l'a penetré, cela change la these, elle l'en accuse devant son pere; n'en eût-elle encore qu'un soupçon, c'est tout de même pour Inés que si elle en étoit sûre. Cette amante n'en sera pas moins l'objet de ses fureurs, quoiqu'objet douteux. Il seroit donc inutile pour le Prince de s'en tenir à la négative; bien plus, il va devenir dangereux de nier, car dans l'état où sont les choses, c'est priver Inés de la seule défense qui peut lui rester contre la Reine, & cette défense, c'est l'aveu franc & hardi que le Prince sera de son amour pour elle: on pourra respecter, ou du moins ménager une fille de qualité chérie d'un Prince héritier présomptif de la Couronne, d'un Héros qui fait lui-même les délices de tout un Peuple. Ajoûtez à cela je ne ſçai quoi de courageux que ſent un homme dont l'ame eſt haute, qui le dégoûte bientôt de toute prudence craintive, & qui lui dit qu'on n'oſeroit le braver, & le pouſſer à bout dans une choſe à laquelle il a déclaré qu'il s'intereſſe.

Voilà donc tout ce que le prince envisage, dans le détroit où il ſe voit, voilà les idées en conſequence deſquelles ſa paſſion inquiete lui fait négliger une convention qu'un Auteur ordinaire auroit crû ſacrée.

Eh bien cette hardieſſe ne lui réüſſit pas; le Roi n'en menace pas moins Inés, & quelques perſonnes voudroient même qu'il la fit ſouſtraire, comme ſi le Prince qu'il s'agit de gagner, en devoit par-là devenir plus docile : mais paſſons cela, le Roi, dis-je, n'en menace pas moins Inés, il la fait même priſonniere de la Reine, dont il ne connoît ni la malice ni la noirceur; oh pour lors le Prince se taira, n'ayez pas peur qu'il parle, il croyoit servir Inés en avoüant qu'il l'aimoit, il s'est trompé; il va croire qu'il l'assassineroit en avoüant qu'il est marié avec elle; & voilà bien la passion qui promene toûjours nos idées d'une extremité à l'autre, & quelquefois c'est les mener bien; ainsi c'en est fait, jamais il ne dira son mariage, & pour tirer Inés de péril, il n'y sçait plus rien que de l'enlever; c'est ce qu'il tente & qui ne leur réüssit pas non plus; il est vrai qu'Inés lui fait manquer son coup, & se refuse à une action violente & rebelle. Et que ne la force-t-il à le suivre, dira-t-on? c'est son Epouse; oüi: mais une Epouse à qui le mistere de leur union a conservé tous les droits d'une Amante, elle haït le crime, son Epoux en fait un qui n'est pas consommé, & cette Epouse vertueuse veut lui en sauver l'énormité qu'y joindroit un succès coupable, & se sacrifie elle même à ce peu d'innocence qu'elle peut encore lui conserver, car pour le Prince, il ne court aucun risque, son pere sera son Juge, & ce pere ne se vengera que sur Inés de la violence de son Fils repentant. Que j'aime alors à voir la passion de ce Prince toute fougueuse qu'elle est, connoître pourtant les égards les plus tendres, & n'en relever pas moins de la tendre vertu d'Inés; Que cela peint bien les sentimens d'un époux qui ne l'est jusqu'ici que sous la figure d'un amant qu'on favorise, qui n'ose être heureux qu'en tremblant, & qui voit encore la pudeur de son épouse s'allarmer du bonheur sécret qu'il obtient.

Pendant qu'Inés lui represente tout ce que son action a de criminel envers son Roi. Ce Roi, dont le Prince vient de forcer la garde, arrive, & trouve son Fils l'épée à la main: cherches-tu à m'ôter la vie, lui dit-il? ou quelque chose de semblable. Ces mots désarment le Prince, il jette son épée avec une promptitude, qui exprime tendrement à son pere tout l'abandon qu'il lui fait de sa personne, toute l'horreur qu'il a lui-même de l'idée qu'on lui impute, & toute l'étenduë de son innocence à cet égard.

On démêle bien que le pere sent toute la force de son geste & du discours qui le suit, il continuë pourtant de paroître irrité, & je pense que c'est dans cet endroit-là que le Prince outré de se voir toûjours plus malheureux, & sa maîtresse toûjours plus exposée, retombe dans un transport de passion qui me semble admirable; si l'on ne ménage Inés, dit-il, il fera tout périr, il tuëra tout. En l'entendant parler ainsi, vous croiriez qu'il ne connoît plus personne: Point du tout, il est en lui un caractere genereux qui tient la main à son emportement. Du milieu de ces projets de vengeance, & de cette fureur aveugle, il sort machinalement une exception genereuse en faveur de son pere qui le maltraite; & en faveur de Constance, à laquelle le Spectateur ne songe pas alors, & dont on se rappelle tout d'un coup la douceur & la vertu que l'on voit bien être les seules causes de cette exception que le Prince fait pour elle, & pour elle qu'on veut qu'il épouse malgré lui, je ne sçai rien de si beau que cela; mais à propos de Constance, de cette Princesse rejettée du Prince qu'elle aime, & qui ne sert, pour ainsi dire, qu'à mettre le hola par tout; qui, de quelque côté qu'on la considere, fait un personnage comme disgratié, d'ailleurs assez uniforme, & qui semble ne devoir pas lui attirer une grande attention. Avez-vous rien de plus piquant qu'elle dans cette Tragédie, perdez-vous un instant ses interêts de vûë, combien ne vous les recommande-t-elle pas, par le sacrifice qu'elle en fait elle-même, par la douleur qu'il lui en coûte en les négligeant, par la contrainte où elle tient cette douleur, afin que son injure en frappe moins la Reine & le Roi même; par la sensibilité qu'elle éprouve aux malheurs du Prince & de sa maîtresse, par ce secours affectueux qu'elle leur prête sans qu'ils le sçachent & qu'elle leur offre ensuite, & tout cela sans faste, sans insinuer aucune de ces ostentations romaines, qui gâtent ce qu'on fait de généreux en le ventant, & qui humilient ceux qu'on oblige : oüi je l'avoüe, Constance m'a charmé, c'est un caractere absolument neuf, on oublie de l'admirer à force de l'aimer. Sa douceur & sa simplicité nous dérobent ce qu'il a de grand, je n'y sens rien de cette vertu affectée au Théatre, & avec laquelle peut-être seroit-on insupportable dans le monde ; Constance est comme une personne qui vivroit parmi nous, qui vaudroit mieux que nous tous, & dont nous sentirions avec plaisir la supériorité, sans la réfléchir avec l'étonnement qu'elle mériteroit.

Avez-vous remarqué ce que vaut l'aveu qu'elle fait au Roi de l'amour qu'elle a pour son Fils ; que les sentimens d'un cœur qui se choisit un pareil confident, sont respectables ; que ce choix est bien garent d'une ame dont les foiblesses mêmes n'enfanteront que des actions vertueuses. Pour la Reine sa mere je ne l'aime point, mon sentiment est que Monsieur de la Motte s'est trompé dans ce caractere : cette femme-là déplait moins, parce qu'elle est méchante, que par sa maniere de l'être. Une Reine comme elle, doit être plus décemment sensible à ces affronts, & laisser aux femmes du commun cet éclat humiliant qu'elles font des leurs. Je voudrois donc qu'elle dissimulât sans en valoir mieux : que ses emportemens n'apprissent pas que c'est elle qui a empoisonné Inés, & qu'elle ne fût soupçonnée de ce coup qu'à cause de l'interêt qu'elle auroit eu à le faire.

Après cela je conviens que sa méchanceté va au profit des autres personnages : le malheur d'Inés en est plus touchant, la vertu de Constance plus sensible, le Roi moins libre de se dissimuler les torts de son Fils, & plus obligé de le punir quand ils le rendent criminel. La passion du Prince en eſt plus exercée, ſon ſilence obſtiné ſur ſon mariage en eſt plus raiſonnable, car il y a apparence, que ſoit qu'il meure ou qu'il vive, l'aveu qu'il en feroit perdroit Inés à qui l'on ne peut juſques ici rien reprocher, ſinon qu'il l'aime; enfin cette méchanceté nous ameine ce bel endroit, où le Roi après avoir condamné ſon Fils par une rigueur qui n'eſt point dans nos mœurs à la vérité, mais que la Loi bien exactement obſervée ne déſavoüeroit point, où le Roi dis-je, parlant à la Reine qui a pourſuivi la mort du Prince, lui dit! eh, pourquoi jugiez-vous ſa mort ſi néceſſaire, en ajoûtant après, je vois bien que mon Fils n'a plus de mere.

Cet endroit-là me fera encore remarquer une choſe, c'eſt cette connoiſſance intime & réciproque qu'au milieu de leurs diviſions le Pere & le Fils dans toute la Piéce ont, de l'amour qu'ils ont l'un pour l'autre, jamais ils ne s'aiment plus, ils ne ſe le font jamais plus entendre, que dans leurs actions qui le démontrent le moins, & pour surcroit de peine, il faut qu'ils gênent leurs sentimens, l'un dans la crainte que son pere ne s'en serve pour le gagner, l'autre dans la crainte que son fils n'arrache à la nature une grace que la justice lui refuse.

Voilà de grandes sources d'interêt, mais c'est bien dommage que le Prince aille mourir.

Aussi le Conseil que le Roi tient pour le juger me blesse-t-il en partie; sa tournure ingénieuse ne me console pas de l'Arrêt qu'on y prononce; le Juge qui absout le Prince tout son rival qu'il est, je l'estime d'abord; mais quand l'autre le condamne politiquement, après avoir cité les obligations qu'il a à ce Prince, oh je suis son serviteur, sa justice s'explique d'une façon trop bizare, le paralelle que j'en fais avec les obligations qu'il cite, me la rend odieuse, toute loüable qu'elle est dans le fond; outre cela je m'apperçois tout d'un coup qu'on a voulu contraster trop spirituellement les avis de ces deux

Juges : l'Auteur est trop là-dedans, lui qui ne paroît nulle part que là, & je sens malgré moi que cela ne s'accorde pas avec l'interêt sérieux & de bonne foi qui m'occupe; peut-être ai-je tort de penser comme cela, mais il est comme impossible de ne pas tomber dans ce tort-là, & par-là mon tort est celui de l'Auteur.

Je ne sçais pourquoi je n'ai presque rien dit du personnage d'Inés qui contribuë de tout son Rolle au plaisir que donne cette Tragédie, & dont les discours, dans le dernier Acte sur tout, emportent le cœur, adieu mon ami, le papier me manque. *Vale.*

VINGT-UNIE'ME FEUILLE.

UN Inconnu m'envoya, il y a quelques jours, un paquet que mon valet reçut pendant mon absence, j'y ai trouvé un Manuscrit contenant la Vie de ce même Inconnu, avec une Lettre qu'il est inutile de rapporter toute entiere, & dont je ne donnerai ici qu'une partie; la voici.

MONSIEUR,

Puisque vous vous appliquez à connoitre les hommes, n'y en eut-il qu'un seul entre cent mille qui dût profiter de vos recherches; votre étude ne dût-elle avancer que vous dans la sagesse; ne contribuat-elle qu'à perfectionner votre raison; le peu de progrès que j'ai fait moi-même dans cette étude, me persuade que je dois, si je puis, aider au progrès que vous y pouvez faire: Le secours que j'ai à vous donner, c'est l'Histoire de ma vie, si vous ne trouvez pas à propos de la produire telle qu'elle est, du moins y puiserez-vous des réflexions qui vous seroient peut-être échapées. Dans tout le cours de mes avantures, j'ai été mon propre Spectateur, comme le Spectateur des autres, je me suis connu autant

qu'il

qu'il eſt poſſible de ſe connoître; ainſi c'eſt du moins un Homme que j'ai dévcloppé, & quand j'ai comparé cet Homme aux autres, ou les autres à lui, j'ai crû voir que nous nous reſſemblions preſque tous; que nous avions tous à peu près le même volume de méchanceté, de foibleſſe, & de ridicule; qu'à la vérité, nous n'étions pas tous auſſi fréquemment les uns que les autres, foibles, ridicules, & méchans; mais qu'il y avoit pour chacun de nous des poſitions, où nous ſerions tout ce que je dis-là, ſi nous ne nous empêchions pas de l'être.

Quoiqu'il en ſoit, Monſieur, diſpoſez comme il vous plaira de ce que je vous envoye, & continuez votre travail : de tous les uſages qu'on peut faire de ſon eſprit, le plus loüable, & peut-être le ſeul utile, c'eſt celui que vous faites du vôtre; laiſſez à certains ſçavans; je veux dire aux faiſeurs de ſyſtêmes, à ceux que le vulguaire appelle Philoſophes, laiſſez-leur entaſſer méthodiquement visions sur visions en raisonnant sur la nature des deux substances, ou sur choses pareilles; à quoi servent leurs méditations là-dessus, qu'à multiplier les preuves que nous avons déja de notre ignorance invincible: Nous ne sommes pas dans ce monde en situation de devenir sçavans; nous ne sommes encore que l'objet ou plûtôt le sujet de cette science que nous voudrions avoir: jusques-là soumettons notre orgueil. sa curiosité ne trouveroit pas ici son compte, tout en nous est disposé pour la confondre; l'envie que nous avons de nous connoître, n'est sans doute qu'un avertissement que nous nous connoîtrons un jour, & que nous n'avons rien à faire ici, qu'à tâcher de nous rendre avantageux ce développement futur des mistéres de notre existence; l'impossibilité de les comprendre ne les détruit point, n'en empêche pas les conséquences: de la maniere dont nous les ignorons, il nous est aussi peu possible de les nier. que de les comprendre; & ne pouvoir les nier, c'eſt en connoître ce qu'il nous faut pour en craindre le nœud, & pour prendre garde à nous ; voilà où nous en ſommes, ne nous révoltons point contre cette admirable œconnomie de lumiere & d'obſcurité que la ſageſſe de Dieu obſerve en nous à cet égard-là ; en un mot ne cherchons point à nous comprendre ; ce n'eſt pas la notre tâche : interrogeons les Hommes, ils nous apprendront quelle elle doit être.

Qu'éxigent-t-ils de moi ? qu'eſt-ce que j'éxige d'eux ? quelle eſt la fonction dont ils ont le plus de beſoin que je m'acquite avec eux ? quelle eſt celle dont j'ai le plus de beſoin qu'ils s'acquitent avec moi ? c'eſt cela qui doit décider ce me ſemble. Soyez bon & vertueux avec moi, me dit tout Homme quelconque. Soyez de même à mon égard, dis-je à tout Homme à mon tour, toutes nos voix ne forment là-deſſus qu'un écho ; & de la ſcience dont je parlois tout à l'heure, pas un mot.

Laiſſons-là donc cette ſcience que perſonne ne me demande, que je ne demande à perſonne, & que toutes nos lumieres nous refuſent; faiſons l'ouvrage qui nous eſt indiqué, Soyons bons & vertueux, on apprend ſi aiſément à le devenir; ce que je voudrois raiſonnablement qu'un autre fit pour moi, ne le fit-il point, m'enſeigne ce que je dois faire pour lui, voilà toute la ſcience dont il s'agit, & l'unique qui ſoit néceſſaire, qui eſt à la portée de tous les Hommes, qui n'éxige preſque aucun frais d'étude; il eſt vrai qu'elle eſt d'une pratique difficile, mais pourquoi preſque toutes nos lumieres n'aboutiſſent-elles qu'à nous en donner des leçons, ſi nous ne ſommes pas nés pour la pratiquer; nous regorgeons là-deſſus, ſi j'oſe le dire, d'inſtructions intérieures & preſſantes: car enfin que l'Homme ſans honneur & ſans religion me réponde, ſi pourtant il eſt vrai qu'il y ait de ces gens-là.

Quand je dis à l'Homme à qui j'ai affaire, traitez-moi avec juſtice?

écoutez la voix de votre conſcience; Que penſai-je en lui diſant cela.? Je regarde cette conſcience, à qui je veux le rendre attentif, ou comme la regle ſacrée de ſes actions, ou comme un guide impoſteur qui va, s'il le ſuit, l'égarer à mon avantage, & n'en faire qu'un imbecile; ſi elle eſt la régle de ſes actions : Ma conſcience eſt donc auſſi la regle des miennes : ſi c'eſt un guide impoſteur qu'il n'appartient qu'aux imbéciles de ſuivre, il n'y aura donc d'Homme ſage que celui qui expliquera toutes ſes idées de juſtice à contre ſens; eh où en ſommes nous ſi la véritable ſageſſe n'eſt qu'un eſprit de brigandage? Toutes nos Loix ne ſont donc établies que pour faire des dupes; on punit donc un ſage quand on punit un fripon, le plus criminel eſt donc le plus raiſonnable, & l'Homme vertueux n'eſt qu'un ſot, qu'une miſerable dupe de ſa raiſon, dont il devroit rebuter les inſpirations, & auſquelles il devroit ſubſtituer des idées meurtrieres &

ſubtiles qui lui apprendroient qu'il faut être un coquin pour remplir ſa véritable charge dans ce monde.

Quelle étrange ſageſſe que celle qu'on ne peut avoir qu'en prenant le contrepied de toutes ſes lumieres naturelles, qu'en ſe diſant à ſoi-même, cet eſprit de juſtice que je trouve en moi, que je trouve dans un autre, qui fait ma ſûreté & la ſienne, cet eſprit-là n'eſt qu'illuſion : Quelle étrange ſageſſe, encore une fois, que celle qui apprend à détruire l'ordre qui nous conſerve, que celle qu'on ne peut ſouffrir dans les autres, que les autres ne peuvent ſouffrir en nous, que celle dont on eſt obligé de pourſuivre, de deshonnorer, d'étouffer les Sectateurs.

Il eſt vrai que nous naiſſons tous méchans, mais cette méchanceté nous ne l'apportons que comme un monſtre qu'il nous faut combattre : nous la connoiſſons pour monſtre dès que nous nous aſſemblons, nous ne faiſons pas plûtôt ſociété que nous ſommes frappés de la nécessité qu'il y a d'observer un certain ordre qui nous mette à l'abri des effets de nos mauvaises dispositions, & la raison qui nous montre cette nécessité, est le correctif de notre iniquité même.

Cet ordre donc une fois prouvé nécessaire pour la conservation generale, devient (à ne parler même qu'humainement) un devoir indispensable pour chacun de nous qui frémissons d'horreur à la vûë de ce qu'il arriveroit, si cet ordre n'y étoit pas.

Il faut que mon prochain soit vertueux avec moi, parce qu'il sçait qu'il feroit mal, s'il ne l'étoit pas, il faut que je le sois avec lui, parce que je sçais la même chose.

Malheur à qui rompt ce contrat de justice dont votre raison & la mienne, & celle de tout le monde se lient, pour ainsi dire, ensemble, ou plûtôt sont déja liées, dès que nous nous voyons, en quelque endroit que nous nous voyons, & sans qu'il soit besoin de nous parler. Contrat qui m'oblige même avec l'Homme qui ne l'observe pas à mon égard, parce que ce n'est pas une loi conditionnelle & particuliere faite avec lui; loi qui seroit inutile, impuissante, & malgré laquelle notre corruption reprendroit bientôt son empire féroce. Non, c'est une loi de nécessité absoluë, passée pour jamais avec l'humanité, avec tous les Hommes ensemble, & par tous les Hommes en géneral qui l'ont tous ratifiée, & qui la ratifieront toûjours.

Malheur donc à qui n'observe pas autant qu'il est en son pouvoir cette loi de bon sens universelle, devenuë juste par la nécessité qu'il y a de la suivre, & dont celui de qui je tiens mes lumieres me reprochera le violement devenu criminel, parce que ma raison le condamne, parce que je sçais que mon bien & ma vie, & tout ce que je possede, sont autant de bienfaits que me dispense l'observation générale de cette loi, & qui me seroient arrachés si tout le monde étoit aussi méchant que je le suis.

Que

Que les coutumes, que les usages particuliers des Hommes soient défectueux, cela se peut bien, aussi ces usages sont-ils de la pure invention des Hommes, aussi ces coutumes sont-elles aussi variées qu'il y a de Nations diverses, mais cette loi qui nous prescrit d'être juste & vertueux est par tout la même: les Hommes ne l'ont pas inventée, ils n'ont fait que convenir qu'il falloit la suivre telle que la raison où Dieu même la leur présentoit & leur présente toûjours d'une maniere uniforme. Il n'a pas été nécessaire que les Hommes ayent dit voilà comment il faut être juste & vertueux, ils ont dit seulement soyons justes & vertueux, & en voilà assez, cela s'entend par tout, cela n'a besoin d'explication dans aucun Païs; en quelque endroit que j'aille je trouve dans la conscience de tous les Hommes une uniformité de science sur ce chapitre-là qui convient à tout le monde. Si j'ai des besoins ou des interêts qui me soient personnels & particuliers, je n'ai qu'à les dire & l'on ſçait tout d'un coup ce qu'il me faut.

Mais c'eſt aſſez parler de juſtice & de vertu, j'en reviens, Monſieur, à vous encourager à pourſuivre un travail qui ne tend qu'à faire reſſouvenir les Hommes de leurs véritables devoirs, &c.

Je ſupprime ici de la Lettre de l'Inconnu plus que je n'en donne, mais ce qu'il en reſte nous meneroit trop loin.

J'ai lû d'un bout à l'autre ſes Avantures, & je les ai trouvé ſi inſtructives, & en même tems ſi intereſſantes que j'ai reſolu de les donner, quelques longues qu'elles ſoient; elles employeront bien dixhuit à vingt de mes Feüilles, & je les regarde comme des Leçons de Morale d'autant plus inſinuantes qu'elles auront l'air moins dogmatique, & qu'elles gliſſeront le précepte à la faveur du plaiſir qu'on aura, je crois, à les lire. Cependant je pourrai de tems en tems en ſuſpendre la ſuite pour une quinzaine, & traiter alternativement quelques-uns de mes Sujets ordinaires : Voici maintenant par où commencent ces Avantures.

Je suis né dans les Gaules d'une Famille assez médiocre, & de parens, qui pour tout héritage ne me laisserent que des exemples de vertu à suivre. Mon pere, par sa conduite, étoit parvenu à des Employs qu'il exerça avec beaucoup d'honneur, & qui avoient déja rendu sa fortune assez brillante, quand une longue maladie qui le rendit très-infirme l'obligea de les quitter dans un âge peu avancé.

A peine s'en fut-il défait, qu'une banqueroute subite lui enleva les deux tiers de ce qu'il avoit acquis : il ne lui resta pour toute ressource qu'un bien de Campagne d'un très-médiocre revenu, où il alla vivre, ou plûtôt languir, avec sa petite famille composée de ma mere, de ma sœur, qui avoit dix-sept ans, & de moi qui en avoit près de seize, & qui sortoit de mes classes.

Ma mere qui avoit une extreme tendresse pour ses enfans & qui les voyoit pauvres, ſoutint d'abord notre malheur avec moins de force que mon pere. Toute vertueuſe qu'elle étoit, ſon eſprit parut entierement ſuccomber ſous le coup qui venoit de nous frapper : Dès qu'elle fut à la Campagne, la dure œconomie qu'il fallut y garder pour y vivre; le retranchement total de mille petites délicateſſes qu'elle nous avoit laiſſé prendre, & dont elle nous voyoit privés; le chagrin de voir ſes chers enfans devenus ſes Domeſtiques & changés, pour ainſi dire, en Valets de campagne; Enfin je ne ſçai quelle triſteſſe muette & honteuſe qu'elle voyoit en nous, que la miſere peint ſur le viſage des honnêtes gens qu'elle humilie, & qui fait plus de peine à voir aux perſonnes qui ont du ſentiment, que la douleur la plus déclarée : Tout cela jettoit ma mere dans une affliction dont elle n'étoit pas la maîtreſſe. Elle ne pouvoit nous regarder ſans pleurer : mon pere qui l'aimoit, & à qui nous étions chers s'enfuioit quelquefois à ſes pleurs, & quelquefois ne pouvoit à ſon tour s'empêcher de joindre ſes larmes aux ſiennes.

Un jour que je revenois ſur le ſoir de cueillir un peu de fruit que nous avions dans un petit Verger, je ſurpris mon pere & ma mere qui ſe parloient auprès de notre maiſon, & je les écoutai à la faveur d'une Haye qui me couvroit : J'entendis que ma mere ſoûpiroit, & que mon pere s'éfforçoit de calmer ſa douleur.

Dans les premiers jours de notre infortune, lui diſoit-il, je n'ai point condamné l'excès de votre affliction : Vous vous y êtes abandonnée; je ne vous ai rien dit; il n'eſt pas étonnant que la raiſon plie d'abord ſous de certains revers : les mouvemens naturels doivent avoir leurs cours, mais on ſe retrouve après cela : on revient à ſoi-même, on s'appaiſe, & vous ne vous appaiſez point. J'ai dévoré mes chagrins autant que j'ai pû, de peur d'augmenter les vôtres. Pour vous, vous ne me menagez point; vous m'accablez ; vous me faites mourir, & vous ne vous en souciez pas. J'aime nos enfans autant que vous les aimez : j'ai été aussi sensible que vous au malheur qui leur ôte ce que j'esperois leur laisser : D'ailleurs je suis infirme ; suivant toute apparence vous me survivrez, & vous resterez à plaindre, & vous aurez de la peine à vivre. Que croyez-vous qu'il se passe dans mon cœur, quand j'envisage ce que je vous dis-là ? Depuis trente ans que je vis avec vous dans une si grande union, n'ai-je pas appris à m'interesser à ce qui vous regarde ? N'avez-vous pas eû le tems de me devenir chere ? mes chagrins tels qu'ils sont ne me suffisent-ils pas ? Voulez-vous toûjours en redoubler l'amertume ? mes forces diminuënt tous les jours, la fin de ma vie n'est que trop persécutée, ne contribuez point à la rendre plus triste. Vous avez toûjours eû de la religion, j'esperois que vous me consoleriez, que nous nous consolerions l'un & l'autre : mais tout me manque à la fois : Dieu veut apparemment que je meurs environné de trouble, & de désolation. Il m'a ôté mes biens, & ma santé, & vous m'ôtez la satisfaction de vous voir soûmise à sa volonté. C'étoit-là le seul bien qui pouvoit me rester; la seule paix que mon cœur pouvoit encore goûter; votre vertu me la promettoit; mais tout m'est refusé : il faut que l'affliction me suive jusqu'au tombeau, & que Dieu m'éprouve jusqu'au dernier moment de ma vie.

Je n'entendis après ces mots qu'un mélange confus de soûpirs qui me glacerent le cœur; ensuite ils recommencerent à se parler, mais très-bas, & comme en se promenant, ce qui me fit perdre ce qu'ils disoient. J'allois donc me retirer, quand mon pere haussant un peu plus la voix m'arrêta.

Ne vous embarassez point de nos enfans, dit-il, mon fils a des sentimens d'honneur, & sa sœur est née vertueuse : ne songeons qu'à cultiver ces heureuses dispositions : depuis le malheur qui nous est arrivé, j'ai découvert en eux un caractere qui me charme. Ils vous ont vû pleurer du peu de fortune que nous leur laisserons; ils m'en ont vû affligé moi-même. Vos pleurs & mes chagrins ne sont pas demeurés sans reconnoissance : leur cœur y a répondu, & notre affliction pour eux a réchaussé leur tendresse pour nous: je l'ai remarqué dans mille petites choses; & je vous avoüe que cela me donne une grande idée d'eux. Mettons à profit cet attendrissement où notre amour les a mis pour nous: Voici l'instant de leur donner des Leçons : jamais leur cœur n'y sera plus docile : ils sont infortunés & attendris; il n'y a point de situation plus amie de la vertu, que celle où ils se trouvent.

VINGT-DEUXIE'ME FEUILLE.

VOici la suite des Avantures de l'Inconnu, & dorènavant je les continuerai sans préambule.

Mon pere & ma mere, après s'être encore entretenus quelque tems, rentrerent dans la maison; je m'y retirois moi-même quand je rencontrai ma sœur qui venoit d'un autre côté; comme elle me vit fort triste, elle me demanda ce que j'avois : helas ma sœur lui répondis-je la larme à l'œil, si vous sçaviez la conversation que je viens d'entendre, entre mon pere & ma mere, sur notre chapitre, vous seriez aussi affligée que moi, je n'étois pas loin d'eux, ils ne me voyoient pas : ma mere est toûjours au désespoir de nous voir ruinés, elle nous aime trop, nous serons la cause de sa mort, mon pere n'oublie rien pour la consoler, & je sens bien qu'il auroit besoin de consolation lui-même; vous sçavez qu'il n'a point de santé, ma mere depuis quelque tems est toûjours malade, nous les perdrons peut-être tous deux, ma sœur, ils ne peuvent pas y résister, eh où en serons-nous après; que ferions-nous au monde s'ils n'y étoient plus, de quel côté tourner, qui est-ce qui nous aimera autant qu'ils nous aiment, est-ce que nous pourrions vivre ſans les voir, nous qui n'avons plus qu'eux, nous qui n'aimons qu'eux? auſſi, ma ſœur, je vous l'avoüe, j'aimerois mieux mourir, que de nous voir abandonnés comme nous le ſerions.

Nous n'y ſommes pas encore, me répondit-elle avec amitié (car nous étions très-tendrement unis) ne vous mettez point des choſes ſi funeſtes dans l'eſprit, ſurtout mon frere n'allez point pleurer devant eux, prenez y garde, vous les chagrineriez encore davantage, tâchons au contraire de leur paroître guaïs, peut être que cela diminuera l'affliction où ils ſont, puiſqu'ils nous aiment tant, ils méritent bien que nous faſſions pour eux tout ce que nous pourrons.

Mon pere qui au bruit que nous faiſions s'étoit arrêté ſur le pas de la porte, s'aprocha doucement dans l'obſcurité, & entendit aiſément tout ce que nous diſions; ſon cœur n'y pût tenir, il vint à nous pénetré de tendresse, ah mes enfans que vous êtes aimables, nous dit-il en nous serrant entre ses bras, & que vous méritez bien vous-mêmes toute l'inquiétude que vous m'avez donnée jusqu'ici ; venez suivez-moi, ajoûta-t-il en nous prenant par la main, allons dire à votre mere ce que je sçais de vous, venez lui payer ses larmes, je la connois, quel bonheur pour elle, quelle recompense de sa douleur, quelle mere eut jamais plus de grace à rendre au Ciel.

Mon pere continuoit toûjours à nous parler quand il entra avec nous dans une salle où étoit ma mere qui lisoit, quittez votre lecture, lui dit-il, je viens vous apprendre qu'il n'y a plus d'affliction ni pour vous ni pour moi. Embrassez vos enfans, jamais pere ni mere n'en ont eu de plus dignes de leur tendresse, ne les plaignez plus, rejoüissez-vous ; nous nous trompions, nous avions du chagrin pour eux, & il ne leur est point arrivé de vrai malheur, rien ne leur manque ma chere femme, ils ont de la vertu, je viens d'enêtre convaincu, je les écoutois sans qu'ils le sçussent. Votre fille disoit tout à l'heure à son frere qui pleuroit, que puisque nous les aimions tant, nous méritions bien qu'ils s'efforçassent d'adoucir nos inquiétudes: Que dites-vous de ces sentimens-là? y a-t-il des richesses qui les vaillent? nos enfans resteront-ils si malheureux? serez-vous encore affligée? le pourrez-vous? n'obtiendront-t-ils rien? pour moi je me suis déja acquité envers eux, mon cœur est en paix, je suis content & j'ose leur répondre que vous le serez aussi; car pour de tristesse il n'en est plus question, je crois que ni vous ni moi n'en sçaurions plus avoir après cela; mais ce n'est pas assez que de cesser d'être tristes, cela vaut davantage, nous devons nous croire heureux, nous devons l'être, comme nous le sommes effectivement, d'avoir des enfans qui ont le cœur si bon.

Ma mere à ce discours versa encore des larmes, mais ce fut des larmes de joye; oüi s'écria-t-elle, en nous caressant de caresses aufquelles mon pere joignoit encore les ſiennes; oüi mon mari vous avez eû raiſon de répondre pour moi, je ſuis contente.

Je ne ſçavois où j'étois, pendant que ma mere nous parloit ainſi; le raviſſement où je la voyois, ſes careſſes, celles de mon pere avoient mis mon cœur dans une ſituation qu'on ne peut exprimer, je me rapelle ſeulement que dans tout le cours de ma vie je n'ai jamais ſenti de mouvemens dont mon ame ait été auſſi tendrement penetrée qu'elle le fut dans ce moment.

De ce jour là finit notre triſteſſe commune, nous paſſâmes ſix mois dans toute la paix & toute la gayeté que peut donner un état où l'on ne déſire plus rien. Je me promenois ſouvent avec mon pere, & de tout ce qui s'offroit à nos yeux, il en prenoit occaſion de m'inſtruire; je ne ſçai comment il faiſoit en m'inſtruiſant, mais je regardois nos entretiens comme des heures de récréation pour moi; je craignois de les voir finir; il avoit l'art de les rendre interessans, j'aimois à sentir ce qu'il disoit, ma jeunesse & ma vivacité qui pouvoient me dégoûter de ce qui étoit sérieux & raisonnable, comme pour l'ordinaire elles en dégoûtent les jeunes gens, ne contribuoient avec lui qu'à me rendre plus attentif à tous ses discours : j'en valois mieux entre ses mains d'être jeune & vif; parce que je n'en avois que plus d'ardeur pour le plaisir; & que ce plaisir, il avoit sçû faire en sorte que je le misse à m'entretenir avec lui.

Un jour que nous nous promenions comme de coûtume, nous vîmes passer un Seigneur extrêmement âgé, qui se promenoit comme nous assez près de son Château; il avoit l'air triste, abatu & révoit profondément; d'où vient donc que ce Seigneur est ici, dis-je, en le voyant, il me semble ne l'avoir jamais vû à la campagne; c'est qu'il a eû ordre de se retirer de la Cour, me dit mon pere; Eh pourquoi cela, répartis-je? Oh pourquoi me dit-il, pour n'avoir pas eû l'adresse de se maintenir dans sa faveur, pour n'avoir pas eû une intrigue supérieure à celle de ses ennemis, pour n'avoir pas perdu lui-même ceux qui l'ont perdu, car ordinairement voilà les crimes de ces fameux disgraciés; mais mon pere, vous m'étonnez, lui dis-je, les moyens de se maintenir dans sa faveur, me paroissent bien étranges; c'est donc un coupe gorge que la Cour des Princes; eh comment d'honnêtes gens peuvent-ils s'accommoder de cette faveur? je n'en sçais rien, reprit-il, tout ce que je puis dire, c'est que les ambitieux s'en accommodent; sur ce pied-là, répondis-je, quand on dit d'un homme qu'il est ambitieux, on en dit bien du mal; mais ne pourroit-on pas s'exempter de la nécessité de nuire aux autres, il n'y auroit qu'à ne se point faire d'ennemis? cela ne serviroit de rien, dit mon pere; car dans ce païs-là les ennemis se font d'eux-mêmes. Avez-vous du credit? êtes-vous en place? vous voilà broüillé sans rémission avec je ne sçais combien de gens à qui pourtant vous rendez service; eh, m'écriai-je, quel mal peut-on vouloir à un homme qui oblige? on lui veut mal de ce qu'il est en état d'obliger, reprit-il, de ce qu'on a besoin d'être son ami, au lieu qu'on voudroit que ce fut lui qui eût besoin d'être le nôtre; eh de quelle maniere faut-il donc se comporter avec des gens si méchans, lui dis-je; helas mon fils, me répondit-il, il faut être méchant soi-même; encore est-il bien difficile de l'être avec succès, car il s'agit d'avoir une méchanceté habile qui perde finement vos ennemis, sans qu'ils voyent comment vous vous y prenez; souvent même est-il nécessaire que ceux que vous employez pour les perdre ne s'apperçoivent pas de votre dessein; sçais-tu bien qu'à la Cour c'est le chef d'œuvre de l'esprit humain que cette méchanceté-là; on dit de celui qui y parvient, voilà un habile homme, voilà une bonne tête; il a culbuté ses ennemis; il a sçû écarter tout ce qui lui faisoit ombrage; il

faut

ſaut avoir bien de l'eſprit pour ſe tirer d'affaire comme il a fait ; mais mon pere, lui répondis-je, parmi des perſonnes comme nous, quelqu'un qui reſſembleroit à cet habile homme-là ; nous dirions de lui que c'eſt un fourbe, un perfide, un homme ſans conſcience & ſans honneur, un homme qui ne vaut rien ; bon, me dit mon pere en riant, tu fais là une plaiſante comparaiſon. Eh qu'eſt-ce que c'eſt que des gens comme nous ? il appartient bien à des hommes d'un état médiocre, d'avoir le privilége d'être fourbes ou perfides avec gloire ; ne voilà-t-il pas de beaux interêts que les nôtres, pour mériter qu'on honore du nom d'habileté les perfidies que nous employerions pour avancer nos affaires, & pour ruiner celles de nos ſemblables ; oh mon fils ! ce n'eſt pas là l'eſprit du monde ; tu vois les choſes comme elles ſont, toi ; tu a les yeux trop ſains, mais ſi un peu d'extravagance humaine s'emparoit malheureuſement de ton cerveau, égaroit ta raiſon,

& mitigeoit tes principes de vertu, tu penſerois bien d'une autre maniere? ſçache mon fils, que ce qu'on appelle noirceur de caractere, méchanceté fine, ſcelerateſſe de cœur, iniquité de toute eſpece, porte toûjours ſon nom naturel, & n'en change jamais pour des gens comme nous; parmi nous un fourbe eſt un fourbe, un méchant eſt un méchant, à notre égard on explique les choſes à la lettre, on les prend pour ce qu'elles ſont, nos poſtes ſont ſi petits, nos interêts de ſi peu de valeur que nous ne pouvons en impoſer à perſonne: le moyen qu'on ſe trompât ſur notre chapitre, nous ne ſommes revêtus de rien qui ſoit reſpectable pour les autres hommes, de rien qui étourdiſſe, qui ſubjugue leur imagination en notre faveur; rien ne nous couvre, pour ainſi dire, nous ſommes tout nuds, ou nous n'avons que des haillons qui ne ſont pas gratiables, & qui font qu'on nous juge ſans miſéricorde, & comme nous le méritons; de ſorte que nous avons beau être faux avec souplesse, méchans avec toute l'industrie du monde; toute cette industrie, toute cette souplesse nous tourne à mal, & ne fait qu'ajoûter de nouveaux traits de laideur à notre indignité, (comme cela est juste) en un mot chez nous tout cela est misere d'esprit & de cœur, plus ou moins odieuse, suivant qu'elle est plus ou moins rusée.

Mais quand on est environné d'honneurs, qu'on est revêtu de dignités, de grands emplois, oh pour lors, mon enfant, les choses prennent une nouvelle face, cela jette un fard sur cette misere dont je viens de parler, qui en corrige, qui en embellit même les difformités; pour lors soyez mechant, & vous brillerez, nuisez à vos rivaux, trouvez le secret de les accabler, ce ne sera là qu'un triomphe glorieux de votre habileté, sur la leur; soyez tout fraude & toute imposture, ce ne sera rien que politique, que manége admirable; vous êtes dans l'élevation, & à cause de cela les hommes qui ſont vains & qui voudroient bien être où vous êtes, vous regardent avec autant d'égards qu'ils croiroient en mériter s'ils étoient à votre place; en reſpectant vos honneurs, c'eſt l'objet de leurs deſirs qu'ils careſſent; leur vanité faute de mieux, prend plaiſir à conſiderer votre importance, celle des affaires que vous maniez, des relations que vous avez, & l'étenduë d'eſprit dont vous avez beſoin, & la beauté du miſtere ou des ſtratagêmes qui vous ſont néceſſaires dans toutes vos actions quelles qu'elles ſoient; fuſſent-t-elles indignes, n'importe, quelquefois même y gagnent-elles de l'être, elles en paroiſſent de plus grands coups, on a opinion qu'elles partent d'une néceſſité grave & politique, & cela leur donne un air de majeſté; le ſuccés qu'elles ont, le fracas qui s'enſuit, la ruine de celui-ci & de celui-là qu'elles apportent, les convertit en faits illu res, en avantures notables, qu'on eſt charmé de ſçavoir, & qu'on eſt tout glorieux de raconter; ce que je re dis-là n'est pas encore assez, car non-seulement les actions de cette nature se sauvent du mépris qu'elles mériteroient, mais on semble les éxiger de celui qui est en place, & s'il demeure oisif on ne l'estime pas beaucoup, c'est un homme de peu de valeur, qui ne donne point de spectacle, & qui languit dans la carriere.

Voilà mon enfant pourquoi dans les grandes situations, l'iniquité la plus deliée fait tant d'honneur, pendant qu'il est si honteux à des gens comme nous, de n'être pas irréprochables dans la conduite de leur vie; mais au bout du compte qu'en dis-tu; notre lot n'est-il pas incomparablement meilleur que celui de ces personnes-là; leur grandeur a beau nous masquer leurs actions, ils ont beau n'être appellés qu'habiles quand ils sont méchans; si c'est un benefice pour eux, ils en payent bien les charges; tu ne sçaurois croire ce que c'est que leur vie, quand j'y songe, je ne comprens rien à eux, ni à la passion qu'ils ont pour le rang, pour le crédit, pour les honneurs, car cette passion-là suppose des coeurs orgueilleux, avides de gloire, furieux de vanité; cependant ces gens si superbes & si vains ont la force de fléchir sous mille opprobres qu'il leur faut souvent essuïer; le droit d'être fiers, & de primer sur les autres, ils ne l'acquerent, ils ne le conservent, ils ne le cimentent qu'au moyen d'une infinité d'humiliations dont ils veulent bien avaler l'amertume; quelle miserable espece d'orguëil, aussi se sent-il presque toûjours de la lâcheté qui le fait subsister, aussi n'est-il bon qu'à donner la comedie aux gens raisonnables qui le voyent.

J'écoutois avec attention mon pere, pendant qu'il parloit ainsi, & je me souviens qu'en verité, j'avois pitié de ceux dont il me dépeignoit le sort; je jettois de tems en tems les yeux sur ce Seigneur, dont j'ai parlé, & qui se promenoit encore assez près de nous, & je le voyois toûjours enseveli dans une rêverie mélancolique.

Il me paroît que tu t'interesses au chagrin de celui que tu regardes, me dit mon pere; il est vrai, lui disje, il me semble qu'il souffre : Je le connois, reprit mon pere, il a l'ame d'un honnête homme, il est né obligeant, & l'on a toûjours dit du bien de lui; je suis persuadé qu'il n'est tombé que faute d'avoir cette méchanceté ardente, par qui l'on vient à bout de se défendre de ses ennemis & de les perdre. Sur ce pied-là, répondis-je, il se consolera bientôt de sa chûte; un honnête homme ne sçauroit longtems regreter un état incompatible avec sa bonté naturelle; hélas mon enfant, reprit-il, je suis sûr que ce Seigneur ne le regrette que trop, cet état où il n'est plus; son cœur n'y a pas fait naufrage, il y est resté bon & genereux, mais l'habitude des honneurs peut lui avoir gâté l'esprit; il regrette ce fracas dans lequel il vivoit, ce mouvement que tant de monde se donnoit pour aller à lui, il regrette ses flateurs dont il se mocquoit, mais qui regardoient comme un bonheur de se le rendre favorable, il ne voit plus ces airs timides & rampans qui divertissoient sa vanité; il ne fait plus la destinée de personne; ses amis n'ont plus tant d'interêt à le ménager; il soûpire après cette place qu'il tenoit dans l'esprit des autres, après ce respect craintif qu'il aimoit à inspirer, quoiqu'il se plût à le dissiper par des procedés obligeans; enfin, après mille fantômes pareils, sans lesquels il ne peut vivre, & qui sont devenus la nourriture nécessaire d'un esprit empoisonné d'ambition.

VINGT-TROISIE'ME FEUILLE.

QUand j'ai commencé les avantures de l'Inconnu, dont j'ai déja donné deux Feüilles; j'ai dit que je les interromprois de tems en tems par d'autres choses. C'est un privilége que je me suis réservé, & je me suis imaginé que l'usage que

que j'en ferois iroit au profit des Lecteurs. Parmi ces Lecteurs, cependant il y en a qui diront peut-être (en suposant que les avantures de l'Inconnu leur ayent plû) pourquoi suspendre la suite d'une histoire, & laisser réfroidir l'interêt que nous commencions à y prendre : Que cela ne vous embarrasse pas, me disoit l'autre jour un de mes amis, pourvû que l'histoire que vous interrompez soit bonne, interessante ; ceux qui n'auront pas voulu la lire par Feüilles, à cause de cette interruption, la retrouveront toute entiere dans le Volume, & la liront là tout à leur aise ; mais satisfaites une partie de vos Lecteurs, qu'une longue histoire donnée de suite ennüiroit, & qui ne seront pas fâchés de vous voir quelquefois changer de sujet. Changeons donc lui dis-je, aussi-bien je sens que cela me divertira moi-même, car enfin, il faut que le jeu me plaise, il faut que je m'amuse, je n'écris que pour cela, & non pas précisement pour faire un livre; il me vient des idées dans l'esprit ; elles me font plaisir ; je prens une plume, & les couche sur le papier pour les considerer plus à mon aise, & voir un peu comment elles feront; après cela quand je les trouve passables, je les donne aux autres, qui s'en amusent eux-mêmes, ou qui les critiquent; & lequel que ce soit des deux, j'y gagne toûjours, car si la critique est bonne, elle m'instruit ; elle m'apprend à mieux faire ; j'en pense une autre fois, d'une maniere qui me satisfait plus moi-même; si au contraire elle est mauvaise, ou si je la crois telle, franchement, je leve un peu les épaules sur ceux qui la font; je me mocque un peu d'eux entre cuir & chair, & en pareil cas rire de son prochain, c'est toûjours quelque chose.

Mais comme c'est une impertinence que de rire ainsi, & qu'il n'y a point d'homme qui soit digne de se mocquer des erreurs d'un autre, qu'il ne lui est permis que de les remarquer ; ce sentiment mocqueur ne me dure pas longtems ; il ne fait que paſſer; c'eſt un droit que je païe vîte à l'infirmité humaine, & je deviens Philoſophe quand l'homme en moi a eû ſon compte, c'eſt-à-dire, que je me repens lorſque j'ai eû le plaiſir de faillir, & voilà ce que c'eſt que notre ſageſſe.

Cela me fait ſonger à un enfant à qui l'on emporte ſa poupée; il crie d'abord; une gouvernante vient qui le conſole, allons mon fils, doucement, fy qu'il eſt vilain de crier comme vous faites! ah que vous êtes laid quand vous pleurez! l'enfant s'apaiſe; l'homme eſt de même, derobez-lui le moindre petit plaiſir de vanité qu'il attendoit, c'eſt ſa poupée, c'eſt ſon joujou qu'on lui emporte, & l'enfant de cinquante ou de ſoixante ans crie; la réflexion, qui eſt alors ſa gouvernante, vient & lui dit, eh pauvre innocent vous n'y penſez pas: qu'eſt-ce que c'eſt que votre eſprit, qu'eſt-ce que c'eſt que l'eſtime qu'on lui doit, quels ſont ceux à qui vous la demandez? creature foible & ridicule, vous êtes vain, & vous croïez être loüable, & vous vous mocquez de ceux qui ne vous loüent pas; il vous appartient bien de railler les autres; j'abrege ici le sermon de la gouvernante, tout le monde peut l'achever, je reviens à la Critique; lors donc qu'elle n'est pas bonne, & que je me suis reproché de m'en être interieurement mocqué, je m'y prens d'une autre façon pour m'en divertir loïallement, je l'écoûte en Spectateur, & de cette maniere j'ai mes coudées franches, j'en ris de tout mon cœur & sans scrupule, parce que ce n'est plus directement de celui qui critique que je ris alors; c'est de notre esprit, de nos fantaisies, de nos extravagances, de nos délicatesses pueriles, des petits profits que nous croyons faire en montrant des dégoûts, enfin c'est des hommes en general que je ris, c'est de moi-même que je vois dans les autres.

Mais puisque je parle de critique, je ne sçaurois m'empêcher de dire une chose que je trouve en mon chemin; qu'un homme qui a du jugement ou qui n'en a pas, critique les ouvrages de nos meilleurs Auteurs vivans, ou d'Auteurs médiocres, qu'il les trouve absolument mauvais ; cela lui est permis, il n'y a rien à lui dire, tant qu'il n'attaquera que les productions ; ceux qui les ont faites n'ont qu'à ne plus écrire, si la critique d'un homme qui remarque bien, ou qui ne dit que des sotises, les scandalise ; mais que ce même homme, non content de critiquer bien ou mal un ouvrage, envelope insensiblement dans sa critique une satyre contre l'Auteur, & jette un ridicule sur son caractere, il me semble que c'est ce qu'on ne devroit jamais lui passer, & que ce n'est pas assez ménager l'honnêteté publique que de donner passeport à de pareilles choses ; quand j'étois jeune, j'aurois vêcû poliment avec mon critique, mais à l'égard d'un satyrique, oh ! il m'auroit déplû, & j'avois un honneur boüillant qui auroit eû besoin d'un tuteur pour être sage.

La réflexion que je fais là-dessus

m'en fournit une autre. C'eſt un grand avantage que d'avoir beaucoup d'eſprit, mais il ne faut pas tant l'envier à ceux qui l'ont; ils n'en joüiſſent pas impunément, & ils le payent bien ce qu'il vaut.

J'entrai l'autre jour dans un de ces endroits où s'aſſemblent de fort honnêtes gens, la plûpart amateurs de belles lettres, ou ſçavans; je les connois preſque tous; ils ſont dans le particulier, de la plus aimable ſocieté du monde, raiſonnables autant que ſpirituels; ſe trouvent-ils enſemble, vous ne les reconnoiſſez plus; ils ſont à l'inſtant ſaiſis de la fureur d'avoir plus d'eſprit les uns que les autres.

Il part une queſtion, l'un la décide hardiment, & ſans appel; un autre condamne tout net ce que le premier a dit; un troiſiéme s'éleve qui les condamne tous deux: pendant qu'ils ſe diſputent enſemble, un quatriéme par un ton qui ſe fait faire place, & qui vaut un coup de tonnere, leur annonce ſans ceremonie que tout ce qu'ils diſent ne vaut rien; un cinquiéme ſurvient qui voudroit les appaiſer, en leur faiſant convenir amiablement qu'il penſe mieux qu'eux ſur l'article; un ſixiéme crie, s'offre pour arbitre, & n'eſt plus entendu, mais à force de clameurs il prend toûjours acte de ſes diligences, & de l'accommodement judicieux qu'il propoſe : un autre pour ſe diſtinguer ne dit mot, il ſecouë ſeulement la tête en homme qui renferme en lui, qui poſſede l'unique ſolution qu'on peut donner à la choſe. Il confie la ſuperiorité de ſes lumieres à ſon voiſin paiſible, qui écoûte reſpectueuſement le charivari ſpirituel qui ſe fait, & qui en même tems approuve l'idée de celui qui lui parle, ſans ſçavoir preſque de quoi il s'agit; quelques autres perſonnes qui ne ſont ordinairement là que comme les ſuivans des principaux acteurs, ſe répandent en petits pelottons dans la ſalle, agitent à l'écart la queſtion, & ſe régalent *incognito* du plaiſir de la décider, loin du danger & de la réprimande, car ils n'oseroient approcher de la bataille, on les écraseroit comme des Pigmées; cependant la question qui a causé la dispute a disparu, il en a succedé vingt autres qui ont pris furtivement sa place, qu'on n'a point reconnuës pour étrangeres, & qu'on agite toutes à la fois; enfin tant est procedé qu'il ne reste plus rien sur le tapis, qu'une masse d'idées subtiles & bizarres, qui se croisent, qui ne signifient rien, & que l'emportement & l'orgüeil de primer ont ferocement entassées les unes sur les autres, alors chacun des disputans ne sçachant plus à quoi s'en prendre, entêté confusément d'un sentiment quelconque, qui n'est pas celui qu'il avoit d'abord, car il l'a perdu dans le combat, (celui-là) mais de quelque autre sentiment qu'il a racroché par mutinerie, en entendant crier les autres, se retire avec une poitrine épuisée, qu'il a sacrifiée à la gloire de ses idées; la pauvre poitrine, que sa condition est malheureuse! Bref, que reste-t-il de la dispute, rien que des leçons de brusquerie (qui à la verité ne sont pas perduës) & qu'un exemple bruïant de la misere de nos avantages.

Voilà l'histoire de ce que je vis dans l'endroit où j'étois entré. Un des principaux disputans laissa sortir tous les autres, & vint se mettre auprès de moi, là, il voulut me faire convenir que c'étoit lui qui avoit dû l'emporter sur les autres; il n'y a pas moyen, me dit-il, de vuider une question avec des gens qui s'égosillent jusqu'à perdre haleine, & notez, qu'en me disant cela, il avoit lui-même un enroüement qui faisoit foi que Monsieur sçavoit perdre haleine, là dessus, le voilà qui recommence à disserter avec moi, & qui me somme de lui rendre justice; quand il eut bien argumenté, que vous en semble, me dit-il? que vous avez raison, lui répondis-je, à une chose près, c'est que j'ai vû naître le sujet de la dispute, & qu'il ne s'y agissoit point du tout de cela; parbleu je ne me trompe point, s'écria-t-il, voulez-vous, répondis-je, que je vous rameine la queſtion, elle étoit fort ſimple, & je vois bien que vous ne la ſçavez plus.

A ces mots que je lâchai ſans ſonger à mal, je vis le viſage de mon Diſſertateur, s'allumer d'un feu qui me fit peur; apparemment qu'il regarda comme une inſulte, que j'euſſe penſé qu'il avoit perdu la queſtion de vûë : peut-être crut-il encore que je l'accuſois de n'avoir pas l'eſprit exact, ou peut-être s'imagina-t-il que j'entendois qu'il étoit un broüillon, un eſprit court, que ſçais-je moi ce qu'il crut : un bel eſprit en pareil cas eſt ſi ombrageux, ſa vanité lui donne des méfiances ſi ſubtiles; il eſt ſi ſenſible au moindre ſoupçon qu'il a, qu'on ne l'eſtime point aſſez, & ce ſoupçon, il le prend ſur ſi peu de choſe, qu'il ne faut qu'un geſte pour irriter ſa ſuperbe délicateſſe.

Auſſi à la ſeule inſpection des yeux de celui qui me parloit, n'oſai-je preſque me remuer; j'étois fort embarraſſé; de quoi me ſuis-je aviſé, diſois-je, en moi-même, de proferer la parole imprudente qui lui déplaît, me voilà perdu, cet homme-là ne me lâchera point qu'il n'ait crû m'avoir démontré que sa capacité est prodigieuse, non, voilà qui est fini, je ne sortirai point d'ici qu'il ne soit mis en repos sur l'opinion que j'aurai de ses lumieres; il faudra qu'il pense que je l'admire, il va travailler à m'y forcer, & nous ne nous séparerons que quand il présumera que je me dirai à moi-même, cet homme-là est le meilleur esprit que je connoisse.

Tout ce que je dis me vint sur le champ dans la tête; il étoit une heure sonnée, c'est l'heure à peu près où l'on dîne, j'étois à jeun, lui de même peut-être, mais il ne sentoit plus cela; il s'agissoit de vanger son esprit, cet interêt-là étoit plus pressé que celui de son estomac, & je n'avois pas lieu d'esperer qu'il pût s'appercevoir qu'il avoit appetit.

D'un autre côté, je n'avois point de poitrine à commettre avec la sienne; mais comment quitter cet homme? quoi, lui dire que le cœur me manquoit d'inanition, que le dîné m'attendoit? & lui dire cela, dans quelle conjoncture, au milieu d'un raisonnement qu'il alloit faire, qu'il faisoit déja, & où il n'y alloit pas moins pour lui, que de se purger auprès de moi du reproche de n'être pas le plus judicieux de tous les hommes, d'un raisonnement en vertu duquel il attendoit réparation; d'un raisonnement dont la justesse & la force devoient faire taire tous mes besoins, non je ne voyois point de moyens honnêtes de m'esquiver; j'avois blessé mon homme dans son amour propre, & le laisser-là sans lui donner secours, c'étoit l'assassiner, lui ôter son honneur, c'étoit être barbare. D'ailleurs une autre réflexion m'embarrassoit encore; s'il alloit m'agacer, me disois-je en moi-même; s'il alloit m'induire aussi à prendre le parti de mon esprit, que sçait-on ce qui peut arriver? il y a quarante ans que je fais le métier de Philosophe, & que je persécute mes foiblesses, mais je n'en suis pas plus sûr de moi; l'état où je suis, c'est comme une santé de convalescent, il ne faut presque rien pour causer une rechute.

J'étois donc sur les épines, enfin je pris mon parti; je filai doux avec cet honnête homme; je lui montrai un visage ami; je fis avec lui ce qu'on fait avec ces gros dogues, qui vous presentent d'abord les dents, mais qu'on apprivoise insensiblement en les caressant. Mon cher, lui dis-je donc d'un ton qui demandoit grace; quand j'ai dit que vous ne sçaviez plus quelle étoit la question dont il s'agissoit dans la dispute, je n'ai prétendu parler, que d'un pur oubli de votre part; ce n'est point que vous ne l'ayiez pas bien comprise, au contraire, j'ai remarqué que c'est vous qui l'avez le plus maintenuë dans ce qu'elle étoit, qui l'avez le mieux renfermée dans ses bornes, & je vous avoüerai même que vous êtes le seul de tous ces Messieurs-là qui ayiez parlé sensément.

A ce discours emmiêlé, son ame se calma, ses yeux redevinrent serains;

je n'y vis plus cette ardeur sauvage dont ils s'étoient allumés, il y resta pourtant un peu de feu, mais ce feu n'étoit plus qu'une vanité contente qui brilloit, & qui m'annonçoit la paix.

Monsieur, me répondit-il, vous êtes bien obligeant; il est vrai que j'ai crû tantôt mon sentiment raisonnable, cependant chacun a le sien; ces Messieurs ont plus d'esprit que moi, mais ils crient trop, ils veulent trop avoir raison; d'ailleurs dans la dispute, il faut une certaine justesse, une finesse de vûë qu'on trouve dans peu de gens : ce n'est pas assez que des idées, que de l'imagination, cela ne signifie rien, je n'en fais point de cas; j'ai voulu ramener les esprits, comme vous avez vû, mais on ne me suivoit pas, & je ne sçaurois faire tant de bruit. Vous en avez pourtant fait, lui repartis-je, & je n'aime point qu'un homme aussi judicieux que vous se pique du fade honneur de briller dans des contestations où le tintammare étouffe tout ce que vous dites de bon; cela n'eſt ni ſage ni modeſte. Voulez-vous que je vous diſe; je ne ſçaurois ajuſter tant de foibleſſe avec tant d'eſprit.

J'ai tort, me répondit-il d'un ton de bienvëillance (ce n'eſt pas que ce que je lui diſois fut extrêmement flatteur d'un certain côté,) mais la pauvre dupe n'y voyoit goûte, & de faux éloges l'étourdiſſoient ſur de vrayes injures; de ſorte que ſe levant d'un air riant; quelle heure eſt-il? me dit-il: à propos de l'heure, repartis-je; il eſt très-tard; on ne s'ennuye point avec vous, & je devrois avoir dîné. Là-deſſus nous ſortîmes, par la grace de Dieu, & il me quitta en me ſerrant la main, avec une reconnoiſſance que je ne méritois gueres.

De mon côté je me rendis chez un de mes amis qui m'avoit invité. Après le repas, il me pria de l'accompagner chez un Marchand qu'il me nomma, & chez qui ſeul ſe trouvoit un drap de certaine couleur dont il vouloit un habit: venez m'aider à n'être point trompé, me dit-il, car ce Marchand-là passe pour un homme un peu trop ardent à l'interêt, & je ne me connois à rien. Ma foi, lui dis-je, si vous n'avez que moi pour guide dans cette avanture, vous serez mal-mené; je vous avertis que je suis aveugle-né sur ces matieres-là, mais il me vient une idée; suppléons à notre ignorance par quelque tour ingénieux. Allons, venez, je médite un coup qui va rendre votre Marchand le plus accommodant & le plus conscientieux de tous les hommes. Donnez-moi votre bourse: & suivez-moi, j'ai fait un cours de magie qui m'a appris bien des secrets.

Nous partîmes, & nous voilà arrivés chez le Marchand; nous demandons ce qu'il nous faut; deux ou trois garçons nous étalent plusieurs piéces du drap en question: à les en croire il n'y avoit point de préferance à donner à aucunes; je m'étois attendu à ce verbiage: Messieurs, leur dis-je, où est le Maître? je ne sçai point choisir, il choisira pour moi. Là-dessus on va l'avertir;

il vient

il vient. Tenez, Monsieur, lui dis-je, en l'abordant d'un air franc & tranquille; voilà ma bourse que je vous mets dans les mains. J'ai besoin pour un habit, du plus beau drap d'une telle couleur; vous êtes meilleur connoisseur que moi; donnez-moi ce qu'il me faut; faites couper le drap; payez-vous vous-même: je reprens ensuite ma bourse, & sans autre céremonie, je fais emporter la marchandise, bien certain que vous en aurez agi en homme d'honneur avec moi. Assoyez-vous, Monsieur, me dit le Marchand d'un ton froid: Allons vîte, ajoûta-t-il, apportez-moi le paquet que vous voyez là-haut; il fut obéi. Moi pendant ce tems-là je regardois de côté & d'autre, & m'amusois à parler avec mon ami. On déploya le drap; coupez ce qu'il en faut, dit-il à ces garçons; cela fait, il prit une plume, calcula, ouvrit ma bourse, prit de l'argent ce qu'il en voulut, la referma, fit ployer & empaqueter mon drap, & me rendit ma bourse aussi froidement qu'il l'avoit reçüë.

Je ne lui demandai point ce qu'il avoit pris : on a tout vû quand on a de la confiance, & je joüois mon rôle d'après nature : lui de son côté ne me rendit point compte ; l'honneur est cavalier dans ses façons, & ne s'avise pas de formalités. Nous nous en allâmes ; il nous reconduisit jusqu'à sa porte ; me remercia laconiquement, presque d'un air distrait ; je lui répondis dans le même goût, & nous courûmes au logis pour vérifier avec le Tailleur, la probité du Marchand, qui se trouva non-seulement sans reproche, mais même genereuse ; le Tailleur en fut étonné.

Quand il fut parti, mon ami se mit à rire. Sçavez-vous bien que vous m'avez fait peur chez ce Marchand, me dit-il, lui mettre une bourse entre les mains, lui dire de se payer lui-même ; prendre ce qu'il vous donne ; ne s'informer de rien ; ne regarder à rien : ma foi la maniere d'acheter est originale, mais je ne voudrois pas en tirer copie. Que pensiez-vous donc dans ce tems là ?

Ne m'avez-vous pas dit, repartis-je, que ce Marchand vendoit extrêmement cher, & qu'il n'étoit pas scrupuleux : eh bien, que vouliez-vous que nous fissions avec un homme de ce caractere là ? ce n'étoit pas ce qu'il nous falloit. Voilà pourtant l'homme à qui nous avons eû affaire, me dit mon ami ; non pas, s'il vous plaît, répondis-je, ce n'est plus du tout le même homme ; j'ai changé tout cela ; le Marchand qui nous a vendu, n'est pas celui qui vend ordinairement ; ce dernier est un homme avare, & peu scrupuleux, & moi d'un coup de Baguette j'ai endormi cet homme-là, ou plûtôt ses vices, & lui ai glissé dans l'ame les vertus contraires ; ainsi l'homme qui reste est tout un autre homme.

Qu'appellez-vous un coup de Baguette ? reprit mon ami en éclatant de rire ; oüi, repris-je, je veux dire que je l'ai tout d'un coup tellement penetré des honneurs que lui prodiguoit ma confiance ; je l'ai rendu si vain du portrait flatteur qu'elle lui faisoit de lui-même, que la tête lui en a tourné d'orguëil & de reconnoissance, & dans la chaleur de ces mouvemens-là, passionné comme il étoit du plaisir d'être pris pour un si galant homme; hélas il s'est laissé mener comme j'ai voulu, voilà tout ce que c'est; mais comme le charme que j'avois jetté sur lui ne devoit pas durer beaucoup, vous avez vû que j'ai été vîte en besogne, de crainte que l'homme avare que j'avois assoupi ne se revëillât, & ne criât au voleur. On fait de l'homme tout ce qu'on veut par le moyen de son orguëil; il n'y a que maniere de s'en servir.

VINGT-QUATRIE'ME FEUILLE.

JE reprens enfin le Spectateur interrompu depuis quelques mois, & le reprens pour le continuer avec exactitude. Je l'avois quitté par une paresse assez naturelle aux personnes d'un âge aussi avancé que je le suis, & d'ailleurs, me disois-je, quand même ce que j'écrirois seroit excellent, ce qui n'est pas, qu'en arriveroit-il ? On diroit, celui qui nous donne le Spectateur écrit bien, & à mon âge quand on a passé sa vie à examiner les hommes, à réflechir sur eux & sur soi-même, & sur la valeur de nos talens, en verité l'estime qu'on peut s'acquerir en une infinité de choses devient bien indifferente : on se dégoûte de tout, loüange & blâme, tout est regardé du même œil ; on ne méprise rien si vous voulez, mais on ne se soucie de rien non plus, & l'on en est pas plus Philosophe pour cela, car cette indiference où vous tombez, ne vient pas de ce que vous l'avez cherchée, elle vient de la nature des choses que vous avez examinées; elles vous donnent pour elles une tiédeur que vous n'attendiez pas, vous leur sentez un vuide que vous n'aviez point dessein d'y trouver, & ce vuide que vous leur sentez, vous ne prenez pas même la peine de voir s'il y est réellement, & si vous avez raison de le ſentir ou non, ce ſeroit autant de fatigue inutile; vous reſtez comme vous êtes ſans plus de curioſité, ſans blâmer ceux qui ne ſont pas comme vous, & voilà preciſément l'état où je me trouve aujourdhui.

Pourquoi donc eſt-ce que je reprens le Spectateur, par une raiſon fort ſimple; c'eſt qu'il y a mille momens dans la journée où je m'ennuye de ne rien faire, & l'autre jour en reliſant les avantures de l'Inconnu que j'ai interrompu dans mes dernieres Feüilles, je pris du plaiſir à donner en moi-même plus d'étenduë qu'il n'a fait aux réflexions que je vis dans ſon hiſtoire, & là-deſſus je reſolus de pourſuivre cette hiſtoire telle qu'elle eſt, & de paſſer mon tems à augmenter ſes réflexions des miennes, ſans rien changer aux faits de ſon recit.

Je l'ai déja dit ailleurs; ces avantures pourroient être utiles aux Lecteurs, & les inſtruire; je n'en attens pourtant pas un ſi grand bien, car je ſçai que preſque tous les hommes ne liſent que pour s'amuſer,

& moi le plaisir de les amuser ne me tente plus, ainsi j'en reviens toûjours à dire que je ne cherche ici qu'à m'occuper moi-même.

Dans ma pénultiéme Feüille, j'en suis demeuré à l'entretien que l'Inconnu & son pere eurent ensemble sur le Courtisan qu'ils rencontrerent en se promenant à la campagne: voici ce qui suit; c'est toujours cet Inconnu qui parle.

La nuit qui s'approchoit pendant que nous nous entretenions mon pere & moi, nous fit reprendre le chemin de la maison.

En nous retirant, nous rencontrâmes un Laboureur qui revenoit de son travail, & qui chantoit de toute sa force: voici un homme qui a le cœur bien guai, dis-je à mon pere; il y a de bonnes raisons pour cela, me répondit-il; c'est que la terre avoit besoin de pluïe, & qu'il a plû.

Je ne pûs m'empêcher de rire du ton serieux dont mon pere me tint ce discours. Le Courtisan disgracié qui se promenoit tout à l'heure a vû pleuvoir aussi, repris-je, mais son esprit n'en a pas reçû de soulagement. Tu me fais là une belle comparaison, me dit-il, d'un Laboureur à un Courtisan : le tems qu'il fait est excellent pour la terre, hé bien, le Courtisan, quel avantage en peut-il esperer; que ses greniers en seront plus pleins de biens; qu'il en aura plus abondamment de quoi vïvre, cela est vrai; mais sa vanité de quoi vivra-t-elle; ses besoins sont pour le moins aussi pressans que s'ils étoient raisonnables, & la pluïe ni le soleil ne peuvent rien pour eux, au lieu qu'ils peuvent tout pour les besoins de ce Laboureur qui ne veut que vivre, & qui voit que son champ, dont il vit, en profitera davantage. Ainsi tu comprens bien qu'il a raison d'être guai, puisqu'il est presque sûr d'avoir ce qu'il souhaite. Ne le trouve-tu pas heureux d'être si borné dans ses desirs, qu'en dis-tu, que les hommes soient bons ou mechans, qu'ils se trahissent à la Cour où à la Ville, qu'un Ministre superbe les rebute ou les favorise vorisequ'ils courent après de grands Emplois, qu'ils les manquent, ou qu'ils les perdent avec désespoir, tous leurs soucis, leurs differentes sortes d'interêts, tout ce que l'orgüeil & l'ambition peuvent leur donner de malins plaisirs, ou leur causer de honteuses peines; tout ce fatras d'inquiétudes & de besoins surnumeraires dont ils sont tourmentés, qui naissent de leur corruption irritée, qui leur gâtent le cœur, qui égarent leur esprit, & les plongent, pour des bagatelles, dans un abîme de fourberies & de sceleratesses les uns contre les autres; tout cela n'est point de la conoissance du Laboureur, c'est un état de trouble & de misere que sa condition lui épargne; il pleut à propos, cela lui suffit, le voilà gay, mais gay comme un homme qui n'a eû que des desirs innocens, & qui les voit satisfaits; sa gayeté ne suspend aucune autre inquiétude; il n'a d'autre affaire que d'en joüir; elle ne fait trêve à aucun interêt qu'il faille ménager le lendemain;

ſon ame ſe repoſe toute entiere, & le bon homme ſe couche content, ſe leve de même, reprend ſon travail avec plaiſir, & meurt enfin auſſi tranquillement qu'il a vêcu, car une vie paſſée dans le repos a cela d'heureux, qu'elle eſt douce pendant qu'on en joüit, & qu'on ne s'y trouve point attaché, quand on la quitte.

Les adieux d'un Payſan ſont bientôt faits lorſqu'il meurt; ſon ame n'a pas contracté de grandes liaiſons, n'a pas ſouffert de ces ſecouſſes violentes qui laiſſent tant d'ardeur pour la vie. La mort ne la rappelle pas de bien loin quand il faut qu'elle parte; elle ne tient preſque à rien.

Nous arrivâmes à la maiſon en nous entretenant ainſi; nous trouvâmes ma mere un peu indiſpoſée. Le lendemain ſon indiſpoſition augmenta, la fiévre la prit, & quelques jours après elle mourut.

Je paſſe la douleur que je reſſentis à ſa mort, & l'affliction où tomba mon pere qui ne put ſe conſoſer ; elle mourut en lui ſerrant la main, pendant que nous fondions en larmes aux pieds de ſon lit ma ſœur & moi.

Ce ne fut que pleurs & que gemiſſemens dans notre maiſon pendant un mois ; auſſi fimes nous une perte irréparable. Quelle union entre elle & mon pere, que de tendreſſe elle avoit pour ſes enfans. Je ne me ſouviens pas de l'avoir jamais regardée comme une perſonne qui avoit de l'autorité ſur moi ; je ne lui ai jamais obéï, parce qu'elle étoit la maîtreſſe, & que je dépendois d'elle ; c'étoit l'amour que j'avois pour elle qui me ſoumettoit toûjours au ſien. Quand elle me diſoit quelque choſe, je connoiſſois ſenſiblement que c'étoit pour mon bien ; je voyois que c'étoit ſon cœur qui me parloit ; elle ſçavoit penetrer le mien de cette verité là, & elle s'y prenoit pour cela d'une maniere qui étoit proportionnée à mon intelligence, & que ſon amour pour moi lui enſeignoit ſans doute, car je la comprenois parfaitement tout jeune que j'étois, & je recevois la leçon avec le trait de tendresse qui me la donnoit, de sorte que mon cœur étoit reconnoissant aussi-tôt qu'instruit, & que le plaisir que j'avois en lui obéissant, m'affectionnoit bientôt à ses leçons mêmes.

Si quelque fois je n'observois pas exactement ce qu'elle souhaittoit de moi; je ne la voyois point irritée; je n'essuyois aucun emportement, aucun reproche dur & menaçant, point de ces impatiences, de ces vivacités de temperamment qui entrent de moitié dans les corrections ordinaires, & qui les rendent pernicieuses par le mauvais exemple qu'elles y mêlent. Non ma mere ne tomboit pas dans ces fautes-là, & ne donnoit pas de nouveaux défauts, en me reprenant de ceux que j'avois; je ne lui voyois pas même un air severe; je ne la retrouvois pas moins accueillante; elle étoit seulement plus triste; elle me disoit doucement que je l'affligeois, & me caressoit même en me montrant ſon affliction; c'étoit-là mon châtiment, auſſi je n'y tenois pas; un jeune homme né avec un cœur un peu ſenſible ne ſçauroit réſiſter à de pareilles manieres, non qu'il ne fût peutêtre dangereux de s'en ſervir avec de certains caracteres; il y a des enfans qui ne ſentent rien, qui n'ont point d'ame; pour moi je pleurois de tout mon cœur alors, & je lui promettois en l'embraſſant de ne lui plus donner le moindre ſujet de chagrin, & je tenois parole; je me ſerois même fait un ſcrupule de la tromper quand je l'aurois pû; ce mélange touchant de bontés & de plaintes; cette douleur attendriſſante qu'elle me témoignoit, quand je faiſois mal, me ſuivoit par tout; c'étoit une ſcene que je ne pouvois me reſoudre à voir recommencer; ſon cœur que je ne perdois jamais de vûë, tenoit le mien en reſpect, & je n'aurois pas goûté le plaiſir de la voir contente de moi, ſi je m'étois dit interieurement qu'elle ne devoit pas l'être; je me ſerois reproché ſon erreur: ces ſortes de choſes paroîtront peutêtre des délicateſſes qui demandent de l'eſprit, non, avec tout l'eſprit poſſible, ſouvent on ne les a point; je le repete, il ne faut pour cela qu'un peu de ſentiment, & qu'eſt-ce que ce ſentiment? c'eſt un inſtinct qui nous conduit & qui nous fait agir ſans réflexion, en nous preſentant quelque choſe qui nous touche, qui n'eſt pas dévelopé dans de certaines gens, & qui l'eſt dans d'autres; ceux en qui cela ſe dévelope ſont de bons cœurs qui diſent bien ce qu'ils ſentent; ceux en qui cela ne ſe dévelope pas, le diſent mal & n'en ſont pas moins. Cependant c'eſt toûjours eſprit de part & d'autre que cet inſtinct-là, ſeulement plus ou moins confus dans celui-ci que dans celui-là; mais c'eſt une ſorte d'eſprit dont on peut manquer, quoiqu'on en ait beaucoup d'ailleurs, & qu'on peut avoir auſſi, ſans être ſpirituel en d'autres matieres; & c'eſt-là toute l'explication que j'en puis donner.

Quoiqu'il en ſoit je rend compte de la maniere dont je vivois avec ma mere; la mort me la ravit dans le tems où j'avois le plus besoin d'elle. J'entrois dans un âge sujet à des égaremens que je ne connoissois pas encore, & où ce tendre égard que j'avois pour elle m'auroit été plus profitable que jamais.

Mon pere à qui le Ciel l'avoit unie (que j'aimois autant qu'elle, & dont le caractere ressembloit au sien) ne put survivre longtems à sa perte; sa santé qui étoit déja très-mauvaise s'altera encore davantage; plusieurs infirmités l'attaquerent à la fois; il n'agissoit plus, & bientôt il fut reduit à garder le lit; il ne vêcut qu'un an dans ce triste état, & il mourut entre mes bras, pendant que ma sœur étoit absente pour une affaire domestique.

Mon fils, me dit-il, un moment avant que d'expirer, vous avez perdu votre mere, vous allez me perdre, & je vous vois au désespoir, mais vous n'y serez pas toûjours, le tems console de tout. Je vais répondre de mes actions à celui qui m'a donné la vie; vous lui répondrez un jour des vôtres, songez-y ; au défaut des biens que je ne puis vous laisser, mon amour vous laisse cette pensée-là, ne la perdez point, vous y trouverez tous les conseils que je pourrois vous donner, & c'est elle qui doit désormais vous tenir lieu de pere & de mere.

A peine eut-il achevé ce peu de mots, qu'il tomba dans une foiblesse qui lui ôta la parole ; il prononça encore quelque chose de mal articulé, & où je compris qu'il demandoit sa fille, après quoi, ses yeux se fixerent sur moi, & ne cesserent de me regarder que lorsqu'il expira.

Je ne sçaurois peindre l'état où je me trouvai alors ; en le voyant mourir, je crûs voir encore une fois mourir ma mere, il me sembloit que je venois de les perdre tous deux dans le même moment.

Je ne sçavois plus où j'étois, je restai dans un accablement qui me rendoit stupide, & ma sœur étoit déja de retour, m'avoit parlé, avoit poussé des cris, que je n'étois pas encore revenu à moi même.

Que nous étions à plaindre, nous n'avions point de parens dans la Province; des amis, nous n'en connoissions point; qui est-ce qui s'attache à d'honnêtes gens qui sont dans l'infortune; il n'y a point d'objet plus disgracié parmi les hommes, plus abandonné d'eux que l'homme pauvre & vertueux tout ensemble; tous les cœurs sont glacés pour lui; il est comme un étranger dans la nature: un fripon indigent est peutêtre plus méprisé, mais mieux servi, moins rebuté; du moins le mépris qu'on a pour lui est-il plus sans consequence & de meilleure composition; que dire à cela, c'est que la qualité de fripon tranche moins que la vertu avec le caractere des hommes en general; il leur ressemble par là davantage, peut-être qu'il y gagne à n'être ni estimé ni estimable; les hommes qui sont vains en traittent plus commodement avec lui; il est rempant avec eux; cela les flatte; ils ont le plaisir de primer sur lui quand ils le servent, au lieu que l'homme vertueux eſt honteux & reſpectable, & cela les dégoûte, parce qu'ils n'oſeroient l'humilier en le ſecourant ; il faudroit l'honorer malgré ſon indigence, & ils rougiroient de la comparaiſon qu'ils ſeroient obligés de faire avec lui. Voilà pourquoi mon pere avoit été ſi délaiſſé ; ainſi il n'y avoit perſonne qui s'intereſſât à nous quand nous reſtâmes ſeuls ma ſœur & moi.

Dans un ſi grand abandon, ma ſœur parut montrer plus de courage que moi : au milieu de ſa douleur, elle ſongea à prendre un parti, & à m'en faire prendre un à moi-même.

Il n'eſt pas queſtion, me dit-elle un jour, que nous reſtions comme enſevelis dans notre affliction ; il s'agit de voir ce que nous deviendrons ; nous n'appartenons ici à perſonne ; nous n'avons point de bien, & le peu qui nous en reſte, mille accidens peuvent nous l'ôter ; prevenons-les mon frere ; vous entrez dans un âge où vous pouvez faire quelque chose, & ce ne sera pas ici que vous trouverez les occasions de vous avancer; ainsi il faut absolument nous séparer, votre interêt le demande; je dois de mon côté m'assurer un état fixe.

Hé bien, lui dis-je, à quoi vous déterminez-vous donc, & que me conseillez vous de faire. Vendons ce que nous avons ici, me répondit-elle; de l'argent que nous en tirerons, je n'en veux que ce qu'il en faudra pour me mettre dans un Couvent; voilà quel est mon parti à moi; je n'en sçache point de meilleur ni de plus sûr, & grace au Ciel, il ne m'en coûte rien pour le prendre; je ne sacrifie rien en quittant le monde: heureusement j'ai reçû une éducation qui m'a mis dans l'habitude de penser, & de penser raisonnablement. Une fille à mon âge, & sans bien dans le monde; que peut-elle devenir? dequel côté se tourner? où est son azile? à votre égard ce n'est pas de même; il y a tant d'honnêtes ressources pour vous; vous avez mille moyens de vous avancer mon frere; rendez-vous à Paris avec l'argent qui vous restera; vous sçavez que nos parens y sont; nous y en avons un dont mon pere nous a souvent parlé, & qui y occupe un poste considerable; il est vrai que jusqu'ici nous n'en avons pas tiré un grand secours, mais aussi mon pere ne l'a-t-il pas mis à de fortes épreuves. Aujourd'hui le cas où vous êtes exige de droit qu'il vous aide; il vous connoit; il vous a vû ici dans un voyage qu'il fit avant la chûte de mon pere; vous lui parûtes aimable; il vous caressa beaucoup, & fut charmé du progrès que vous faisiez dans vos études; enfin il vous recevra sans doute avec quelque attendrissement; votre situation le touchera; votre éducation ne le fera pas rougir, & il ne pourra s'empêcher de donner quelques soins à votre fortune, & j'espere qu'elle deviendra meilleure que vous ne pensez.

J'écoutai ma sœur sans prendre beaucoup de goût à ce qu'elle me disoit; j'insistai longtems sur la peine que j'aurois à me séparer d'elle, car je l'aimois tendrement : cependant je me laissai conduire comme elle voulut, & nous cherchâmes dèslors à vendre notre petit bien de campagne.

Plusieurs personnes vinrent le voir, & nous en offrirent bien moins qu'il ne valoit. Parmi ceux qui voulurent l'acheter, vint un jeune homme qui avoit une Terre considerable assez près de notre maison ; je n'étois point au logis alors ; je m'en étois écarté en lisant, & il ne trouva que ma sœur ; elle n'étoit pas belle, mais il n'y avoit peut-être pas de beau visage qui n'eût gagné à ressembler au sien. Le jeune Financier ne la vit pas impunément, il prit de l'amour & ne put s'empêcher de le faire paroitre. Ma sœur qui étoit la modestie même, feignit de ne rien entendre à tout ce qu'il mêloit de galant dans la conversation, & traitta froidement avec lui ; ils ne convinrent cependant de rien au sujet de la maison ; ses offres étoient trop médiocres ; peut-être voulut-il se ménager de nouveaux prétextes de revenir, ce qu'il fit effectivement, mais comme en passant & au retour de la chasse. Nous ne décidâmes encore rien avec lui, & ses visites continuerent pendant trois semaines, sans qu'il parlât davantage de l'achat de notre bien; il nous envoya même du gibier; voulut sçavoir notre situation, & parut s'y interesser avec amitié pour moi, & avec beaucoup de tendresse pour ma soeur, qui de son côté ne trouvoit pas ses visites importunes à ce que je remarquai, & qui ne s'impatientoit plus de voir que nous ne finissions notre affaire avec personne.

Un jour qu'ils s'étoient promenés assez longtems ensemble; elle revint avec un air triste dont je ne lui demandai point la raison, & le lendemain matin, il se presenta une Dame veuve qui nous offrit à peu près ce que nous voulions de notre bien; ma soeur me conjura de conclure avec elle; cela me surprit; mais le marché fut fait, & ma soeur m'engagea ſur le champ à l'accompagner juſqu'à un Couvent qui n'étoit qu'à demi-lieuë de chez nous; nous partîmes; elle parla à la Prieure, convint de ſes faits avec elle; lui donna de l'argent, & arrêta d'entrer au Couvent deux jours aprés.

En nous en retournant, nous rencontrâmes le jeune Financier; à peine nous eut-il joint, que ma ſœur m'arrêtant; mon frere me dit-elle, vous avez regardé Monſieur comme un homme genereux, & je le regardois comme un homme eſtimable qui avoit de l'inclination pour moi: nous nous trompions tous deux; Monſieur a de l'argent & du credit, & il employeroit volontiers l'un en votre faveur, ſi je voulois bien m'accommoder de l'autre; c'eſt du moins ce qu'il m'a fait entendre, & vous approuverez, je penſe, que je le remercie pour nous deux. Adieu, Monſieur, ajoûta-t-elle, en ſe tournant de ſon côté; toutes vos richeſſes ne valent pas le mépris que vous me donnez pour elles, & je dirois auſſi pour vous;

ſans l'obligation que je vous ai de la diſpoſition d'eſprit où je me trouve.

Le jeune homme fut extrêmement touché de ce diſcours, & lui demanda pardon preſque la larme à l'œil ; Monſieur, lui dit-elle, je vous pardonne de bon cœur, mais je vais m'enfermer dans un Couvent ; je ne veux plus que mon indigence m'expoſe à de nouveaux affronts ; l'eſſai que j'ai fait du cœur des hommes me ſuffit. Adieu, Monſieur, voilà votre chemin, & voici le nôtre.

VINGT-CINQUIE'ME FEUILLE.

J'Ai déja averti que je continüerois à donner l'hiſtoire de l'Inconnu, ſans faire aucun préambule, ainſi j'entre d'abord en matiere.

Ma ſœur le quitta là-deſſus, & je la ſuivis en examinant la contenance de ce jeune homme ; il me parut qu'il étoit extrêmement embaraſſé, & en effet il devoit l'être : c'eſt un mauvais quart d'heure à paſſer

ſer pour un homme riche & vicieux que d'eſſuyer en pareil cas le dédain d'honnêtes gens, pauvres comme nous l'étions; je crois qu'il ſe trouve bien petit devant eux; qu'il ſe ſent bien lâche, & que leur indigence & leur vertu le rendent bien honteux de ſes vices & de ſon opulence; car enfin il n'a rien à répliquer; tout ce qu'il pourroit faire, ce ſeroit d'être effronté, mais j'ai toûjours remarqué que les gens qui n'ont point une certaine pudeur dans leurs mœurs, une ſorte de generoſité dans leurs ſentimens, ne ſçauroient s'empêcher d'avoir honte devant les perſonnes vertueuſes qui les mépriſent.

Cela viendroit-il ſeulement de ce qu'on rougit toûjours d'être mépriſé, ſans qu'il s'enſuive pour cela qu'on ſoit mépriſable; je n'en ſçai rien, mais je pancherois à croire que le vice brutal a en lui-même quelque choſe de laid, qui demande qu'on lui faſſe grace, quelque choſe de contraire à la fierté de l'ame: fierté qui a fait que les hommes quelconques ont mis en honneur certains ſentimens naturels, & qu'ils en ont proſcrit d'autres comme humilians pour eux, malgré le plaiſir qu'ils en pouvoient tirer.

Ce que je dis là de la laideur du vice, bien des gens le combattront ſans doute, & il me ſemble voir à peu près ce qu'ils pourroient dire, mais il ſeroit trop long de donner à mon raiſonnement toute ſon étenduë, & en cas que je me trompe, j'aime mon erreur; la morale y gagne plus que la métaphiſique n'y perd, & il ſiera bien à tous les honnêtes gens de ſe tromper comme moi.

Quoiqu'il en ſoit, nous nous éloignâmes de ce jeune homme, dont je ne parlai plus à ma ſœur, qui aſſûrément avoit quelque panchant pour lui, & trois jours après, la vente de notre maiſon faite, nous nous en retournâmes au Couvent qu'elle avoit choiſi, & où je la laiſſai pour m'en aller en même tems à Paris; car la Dame à qui nous avions vendu notre maiſon devoit y entrer le même jour, & j'avois pris toutes mes mesures pour partir à l'instant que j'aurois quitté ma sœur.

Je la quittai donc ; nous nous embrassâmes à la porte du Couvent ; de-là elle se rendit au parloir où je la revis encore, & où je lui parlai bien moins que je ne pleurai.

Elle n'oublia rien pour me consoler de notre séparation, pour me la faire juger moins douloureuse, moins durable que je ne pensois ; elle même s'efforçoit de n'en paroître pas si touchée que moi ; elle esperoit bien me revoir, disoit-elle ; elle en étoit sûre ; elle ne pleuroit pas comme moi, mais elle retenoit ses larmes ; elle en repandoit malgré elle, & je voyois que ma situation la penetroit de tristesse ; elle me regarda souvent sans avoir la force de me rien dire.

Car enfin que devenois-je après l'avoir quittée ? quel étoit mon sort ? moi qui sortois d'entre les mains d'un pere qui m'avoit conduit, sous les yeux de qui j'étois doucement accoûtumé à vivre, sur qui je me reposois de ma sureté, du soin de ma personne, & qui en tout ce qui me regardoit avoit pensé, deliberé pour moi; qui dans toutes les peines que je lui avois données, ne m'avoit demandé, pour ma part, que d'être docile aux conseils que sa tendresse lui inspiroit pour moi; ce pere n'étoit plus, & ma sœur qui depuis sa mort me sembloit l'unique personne à qui la mienne fût encore quelque chose; qui empêchoit que je ne fusse absolument seul dans le monde, enfin dont la compagnie avoit soulagé mon imagination étonnée de tous les malheurs qui nous étoient arrivés; j'allois aussi la perdre cette chere sœur, & dans une heure, il n'alloit plus me rester que moi pour moi-même, & qu'est-ce que c'étoit que moi?

Je succombois sous toutes ces idées-là; je me croyois perdu; je craignois tout sans sçavoir pourquoi, sans avoir d'objet fixe; je me regardois comme un homme entouré de périls, & mon esprit étoit dans un étourdissement qui me faisoit des monstres de tout ce que je voyois.

J'avois plus de cent lieuës à traverser pour arriver à Paris ; ce n'est rien que cela pour un homme qui a quelque usage de la vie, mais quel voyage pour un homme de mon âge, qui n'avoit jamais vû plus de six lieuës d'étenduës : que de mouvemens à se donner ? & quel objet d'épouvante que tous ces mouvemens pour qui ne connoît rien ? & qui sort d'une éducation aussi paisible que l'avoit été la mienne.

Mais il n'y avoit plus moyen de reculer ; il falloit partir ; je repetai vingt fois les derniers adieux ; je finis enfin, & je me retirai. Comme ma sœur avoit contraint sa douleur pendant notre entretien ; quand je l'eûs quittée j'entendis en sortant du parloir qu'elle s'étoit évanoüie ; je me retournai & je la vis entre les bras d'une Religieuse qui avoit été presente, & qui appelloit du secours : je fus tenté de rentrer, sans autre dessein que celui de la voir encore, & de m'arrêter-là aussi long-tems que je le pourrois; mais la crainte de n'avoir plus la force de partir après, me retint : je me hâtai donc de me retirer, ou plûtôt je m'arrachai de ce lieu, & je montai vîte à cheval avec un ſerrement de cœur, qui dans les circonſtances où je me trouvois, eſt un des plus pénibles états que l'on puiſſe imaginer.

Me voilà donc en chemin, âgé de dix-huit ans, n'ayant pour tout bien qu'une ſomme d'argent aſſez médiocre; quittant un Païs où j'étois né, dont je n'étois jamais ſorti, où je ne laiſſois perſonne qui pût ſe reſſouvenir de moi qu'une ſœur qui étoit morte pour le monde, & que ſuivant toute apparence je ne reverrois jamais.

D'un côté je voyois le Couvent qui l'enfermoit pour toûjours; de l'autre dans la campagne, je voyois l'endroit où mon pere & ma mere venoient d'être ſi récemment, & preſque coup ſur coup, enterrés tous deux.

Leur fils autrefois l'objet de leurs ſoins & de leur complaiſance, ſans ſecours, maintenant ſans experience, & comme un enfant ſans aveu, traverſoit en fugitif cette campagne qui ne lui offroit plus de retraite, & s'en alloit ſervir de joüet à la fortune.

Je paſſois par des lieux où je m'étois promené avec mon pere, & comme on ſe parle quelquefois; nous nous arrêtions ſouvent ici, me diſois-je; nous nous ſommes ſouvent aſſis dans cet endroit; je m'y reſſouvenois même des diſcours qu'il m'avoit tenus; je croyois encore entendre ſa voix, mon fils, ce nom ſi tendre qu'il avoit coûtume de me donner, frapoit encore mes oreilles, hélas, c'en étoit fait, perſonne ne devoit plus m'appeller ainſi; je n'étois plus ſur la terre qu'un malheureux inconnu; je n'avois plus que des ennemis dans le monde, car n'y tenir à qui que ce ſoit, c'eſt avoir à y combattre tous les hommes, c'eſt être de trop par tout.

Cependant j'avançois; ma douleur & ma triſteſſe s'augmentoient à meſure que je m'éloignois davantage; je me retournois à tout moment; je craignois d'avancer; je ne pouvois renoncer à des objets qui me tuoient, & je mourois de penser que bientôt je ne les verrois plus.

Enfin je m'éloignai tant que je les perdis de vûë; il se fit alors un changement en moi; je n'avois été jusques-là que triste & attendri sur moi-même; je n'avois songé à rien qu'à nourrir ma tristesse de tout ce qui pouvoit me la rendre plus sensible: mais quand je me vis hors de la portée de ces objets qui m'étoient si chers, & que l'éloignement où je me trouvois eut rompu, pour ainsi dire, le commerce que mes yeux & mon cœur aimoient à avoir avec eux; je fus à l'instant saisi de je ne sçai quel esprit de défiance & de courage qui me rapella tout entier pour moi-même, & me rendit l'objet unique de toutes mes attentions; je regardai les périls que je croyois courir, moins pour les craindre, comme j'avois fait auparavant, que pour prendre garde à moi; ma timidité me donna des forces, & je marchai

marchai armé d'une précaution ſoupçonneuſe qui veilloit à tout, & qui me tenoit toujours en déſenſe.

Comme je ne ſçavois pas le chemin, je le demandois aſſez ſouvent aux perſonnes que je rencontrois, mais ſeulement à ceux qui n'avoient pas la mine d'abuſer de mon ignorance; & quand je voyois de certains viſages, de certaines figures équivoques, j'aimois mieux m'égarer que de leur expoſer mon embarras; j'avois peur que cela ne les mît au fait de ma ſituation, & qu'ils ne devinaſſent que j'étois un jeune homme abandonné, qui voyageoit ſur la bonne foi du paſſant; ce qui auroit pû les tenter de faire un mauvais coup. Je pourſuivois donc ſans rien dire, & fournis ainſi ma premiere journée, ſans d'autre inconvenient que celui d'avoir fait quelques lieuës de plus qu'il me falloit.

J'en devins un peu plus hardi le jour d'après, & j'arrivai dans un Village qui n'avoit qu'une hôtellerie où j'entrai.

Je n'y rencontrai de voyageur

qu'un homme vêtu ſimplement, dont la phyſionomie me parut bonne; il ſe chauſſoit dans la cuiſine de l'auberge, en attendant qu'on lui eût preparé de quoi ſoûper.

Il me fit honnêteté, & s'entretint avec moi; nous ſommes ſeuls, me dit-il, voulez-vous, Monſieur, que nous ſoûpions enſemble? j'y conſentis; & comme il y avoit deux lits dans la chambre qu'on lui avoit donnée, l'hôteſſe nous pria de vouloir bien y coucher tous deux, parce que ce jour-là, diſoit-elle, il lui venoit pour l'ordinaire des équipages qu'il falloit loger; là-deſſus nous nous regardâmes un inſtant l'inconnu & moi, & comme nous vîmes que nous héſitions un peu tous deux, cela nous raſſura, car héſiter alors, c'étoit mutuellement nous faire ſentir que nous étions d'honnêtes gens, ainſi nous répondîmes que nous le voulions bien.

On porta donc ma valize dans cette chambre, & nous allions y monter pour y ſoûper, quand il entra dans la cour une chaiſe de poſte escortée de quelques domestiques à cheval. De la chaise sortit un gros Beneficier qui revenoit, à ce qu'on nous dit, d'une Abbaye considerable qu'il avoit à dix lieuës de ce Village.

Toute l'auberge se mit en mouvement à son arrivée : hôtesse, servantes, valets d'écurie; tout alla rendre hommage au train prophane, & environner la chaise comme pour remercier le maitre de son nombreux équipage, & des aprêts qu'exigeoit sa friandise. Pour lui il descendit de sa chaise d'un air sûr, en homme qui ne tromperoit pas les gens dans leur calcul, & qui satisferoit aux respects interessés qu'on lui rendoit.

Nous montâmes ensuite à notre chambre pour soûper. Nous fûmes tres-mal servis; on nous avoit comme oubliés; nous n'eûmes rien qu'à force de cris, & chaque chose dont nous avions besoin ne nous fut apportée que l'une après l'autre.

Voilà comme cela va dans le monde; tous les hommes, les uns envers les autres, ressemblent à notre hôtesse; ils prodiguent tout à celui qui a beaucoup, negligent celui qui a peu, & refusent tout à qui n'a rien. Caractere de cœur maudit qui ne laisse aucune ressource honnête aux miserables, & qui desherite les deux tiers des hommes, des biens que la nature a fait pour eux.

Cependant ces hommes, tels que vous les voyez, ont fait des loix contre leur iniquité; des loix justes & saintes en elles-mêmes: celui qui les viole est méchant; il ne s'est point contenté d'avoir ou de trouver un nécessaire, qui malgré la mauvaise disposition des choses ne manque presque jamais; il avoit un libertinage & des vices qu'il vouloit satisfaire: l'homme est né pour le travail, il vouloit être un faineant; en un mot c'est un mauvais sujet, qui mérite d'être puni. Mais d'un autre côté, on seroit tenté de dire que les hommes ne sont pas dignes de le voir punir; qu'ils ne méritent pas les loix justes qui les protegent: ce méchant que l'on punit, ce sont eux le plus souvent qui lui ont appris à le devenir ; il se seroit contenté de son necessaire, de sa cabane, du revenu de son travail & de la médiocrité de ses plaisirs, s'il n'avoit pas vû des hommes dont le luxe, les richesses, la molesse & la faineantise ont allumé son orguëil, son avarice & ses vices.

Mais passons ; ces réflexions-là demandent de la moderation ; il y a des ames gâtées qui abusent de tout, & je finirai par une réflexion que je crois raisonnable : j'interromps souvent mon histoire, mais je l'écris moins pour la donner que pour réflechir.

Celui à qui son état & son opulence peuvent fournir tout à souhait, qui pour joüir de tout n'a qu'à le vouloir ; que sont les loix à son égard ? dans quelle occasion peut-il en sentir le frain ? fut-il né sans vertu, en les violant, que gagneroit-il qu'il n'ait pas déja ? aime-t-il à faire bonne chere ? il la fait ; est-il glorieux ? on le respecte ; est-il ambitieux ? il a du rang & de grands emplois; eſt-il vain & faſtueux? il a de grands éguipages, & une foule de valets; eſt-il avare? il a de grands revenus, qu'il les ménage; eſt-il libertin? il a de l'argent en quantité, qu'il ſe pourvoye.

Mais il n'eſt pas Prince; il n'eſt pas le premier homme de l'Etat; il eſt le maître ici; il voudroit auſſi l'être là, & cela ne ſe peut pas; il n'a que dix lieuës de terrain à lui, & il faut qu'il ſe paſſe à cela; les loix lui défendent d'en uſurper dix autres ſur ſon voiſin; il peut goûter de tous les plaiſirs, cela eſt vrai, mais malheureuſement il en a ſatieté; une ſeule choſe le ragoûteroit dont la privation le chagrine, c'eſt la fille ou la femme d'un homme à qui il n'y a pas moyen de les ôter, les loix le défendent encore; quelle rigueur? n'eſt-ce pas cela qu'il veut dire, je le plains beaucoup; pourquoi n'eſt-il pas Roy d'un Etat? c'eſt encore trop peu; que n'eſt-il Souverain de toute la terre? on lui donneroit tout ce qu'il ſouhaite : mais auſſi, où a-t-il pris de pareilles envies? elles ressemblent à ces fantaisies qui viennent dans la débauche; elles sont si bizarres, qu'on auroit peine à les deviner: c'est une démence de cœur & d'esprit que ces desirs-là; & s'il fait un crime pour tâcher de les satisfaire, qu'on ne le punisse point comme coupable, il ne merite pas cet honneur-là. Qu'on le lie comme un insensé, comme un homme qui a le transport au cerveau, aussi n'est-ce pas de lui dont je parle, mais d'un homme opulent qui joüit de tous les avantages de son opulence, & qui les sent. Et je demande encore une fois. Que sont les loix à son égard? rien que le mettre à couvert des entreprises criminelles de celui qui n'a rien, & à qui son sort fait envie; le voilà sans difficulté dans une situation bien commode, & qui lui épargne bien des tentations qu'il auroit peutêtre, s'il n'étoit pas si fort à son aise, & je l'en felicite. Il n'est pas défendu d'être mieux que les autres; la raison même dans beaucoup d'occaſions veut que ceux qui ſont utiles, qui ont de certaines lumieres, de certains talens, joüiſſent d'une fortune un peu diſtinguée, & quand l'homme heureux n'auroit rien qui meritât ce privilége, il eſt un Eſtre ſuperieur qui préſide ſur nous, & dont la ſageſſe permet ſans doute cette inégale diſtribution que l'on voit dans les choſes de la vie; c'eſt même à cauſe qu'elle eſt inégale, que les hommes ne ſe rebutent pas les uns des autres, qu'ils ſe raprochent, ſe vont chercher, & s'entr'aident. Ainſi que les heureux de ce monde joüiſſent en paix de leur abondance, & du benefice des loix; mais que leur pitié pour l'homme indigent, pour le miſerable aille au-devant de la peine qu'il pourroit ſentir à obſerver ces loix, tout l'embarras en eſt de ſon côté; que leur humanité le conſole du ſort qui lui eſt échu en partage; qu'elle lui aide à parer les mouvemens de ſa cupidité toûjours affamée, de ſa corruption toûjours preſſante : ce qu'on leur dit-là n'eſt-il pas raiſonnable ? Cette inégale diſtribution de biens dont nous parlions tout-à-l'heure, lie néceſſairement les hommes les uns aux autres, il eſt vrai, mais le commerce qu'elle forme entre eux n'eſt-il pas trop dur pour les uns, & trop doux pour les autres; & de cette difference énorme qui ſe trouve aujourd'hui entre le ſort du riche, & celui du pauvre; Dieu qui eſt juſte autant que ſage, n'en feroit-il pas comptable à ſa juſtice, s'il n'y avoit pas quelque choſe qui tînt la balance égale, ſi le bonheur du riche ne le chargeoit pas auſſi de plus d'obligations ?

Ainſi vous, dont ce riche ne ſoulage pas la miſere, prenez patience, c'eſt-là votre unique tâche à cet égard-là; vivez comme vous faites à la ſueur de votre corps; continuez, c'eſt Dieu qui vous éprouve : mais vous homme riche, vous payerez cette fatigue & ces langueurs où vous l'abandonnez; il y réſiſte; vous payerez la peine qu'il lui en coûte; c'eſt à vos dépens qu'il prend patience; c'eſt à vos dépens qu'il la perd; vous répondez de ses murmures, & de l'iniquité où il se livre, & en perissant il vous condamne.

Revenons à mon histoire; j'ai dit que nous fûmes très-mal servis, parce qu'on ne songea qu'au Beneficier & à ses gens, mais ce ne fut pas là notre pire avanture; il n'y avoit qu'un instant que nous avions soûpé, quand nous vîmes entrer deux domestiques du Beneficier avec une servante. Celui avec qui j'étois, surpris de cela, demanda à la servante ce qu'elle venoit faire: mettre les valizes de ces Messieurs ici, dit-elle; il faut que vous ayiez la bonté de leur ceder la chambre, parce qu'ils y couchent toûjours quand ils viennent: on tâchera de vous accommoder ailleurs, quoique nous ayions bien du monde; voilà mon lit, dit alors brutalement un de ces domestiques, & voilà le mien dit son camarade.

Mon inconnu rougit là-dessus; je le vis indigné, mais reprenant presque sur le champ un visage tranquille; mes enfans, leur dit-il, tout ce que vous faites-là est inutile, nous ne sortirons point, car je ne pense pas que vous poussiez la hardiesse jusqu'à nous faire violence.

Ils répondirent impertinemment à cela, & parlerent haut; l'hôtesse monta au bruit, & leur maître vint demander ce que c'étoit; ils dirent que nous ne voulions pas sortir de leur chambre; mes gens couchent toùjours ici, dit leur maître à mon inconnu; c'est un endroit à eux, l'hôtesse le sçait, & il n'y a pas à contester là-dessus; les chambres d'une hôtellerie n'appartiennent jamais qu'aux premiers venus, répondit froidement l'inconnu, ainsi vos gens n'ont que faire ici, Monsieur, faites-les retirer, qu'on ne les voye point, vous en serez plus respectable, ou du moins ordonnez leur d'être paisibles, afin qu'on vous les pardonne.

FIN

Du Spectateur François.

www.ingramcontent.com/pod-product-compliance
Lightning Source LLC
LaVergne TN
LVHW020559110826
845149LV00002B/319

* 9 7 8 2 0 1 1 8 6 2 1 4 3 *